Marie

DU MÊME AUTEUR

ROMANS

La Grande Triche, Grasset, 1977
Une voix, la nuit, Grasset, 1979
La Rumeur de la ville, Grasset, 1981
Marie Vandamme, Grasset, 1983, Prix Interallié
Alice Van Meulen, Grasset, 1985
Au début d'un bel été, Grasset, 1988
Catherine Courage, Grasset, 1991
Laura C., Grasset, 1994
Théo et Marie, Robert Laffont, 1996
Les Héritières : Aline (tome I), Plon/Le Seuil, 2000
Les Héritières : Aurélie (tome II), Plon/Le Seuil, 2000
Les Héritières : Céline (tome III), Plon/Le Seuil, 2001

BIOGRAPHIES

Saint Eloi, Fayard, 1985
Jean Bart, Le Seuil, 1992

ESSAIS

Les Catholiques français sous l'Occupation,
Grasset, 1996 (nouvelle édition), 1966
Les vents du Nord m'ont dit, Albin Michel, 1989
Jésus, Flammarion-DDB, 1994
Le Dieu de Jésus, Grasset-DDB, 1997
Le Bonheur en 36 vertus, Albin Michel, 1999
Dieu expliqué à mes petits-enfants, Le Seuil, 1999
Pour comprendre la guerre d'Algérie, Perrin, 2001

RÉCIT

Et pourtant nous étions heureux, Albin Michel, 2003

JACQUES DUQUESNE

MARIE

Plon

ISBN 2-259-19793-0

« Pour qu'un sermon sur la Sainte Vierge porte du fruit, il faut qu'il montre sa vie *réelle*, telle que l'Evangile la fait entrevoir, et non pas sa vie supposée. »

Thérèse de l'Enfant-Jésus

Introduction

La femme la plus célèbre de toute l'histoire du monde est surgie de la nuit, de l'inconnu.

Les Evangiles qui la firent connaître ne disent mot de ses parents, ni de sa naissance, ni même de sa rencontre avec Joseph, son époux.

Les textes bibliques plus anciens, dont ces Evangiles s'inspirent parfois, n'étaient pourtant pas avares de généalogies et de précisions. Même quand ils évoquaient des femmes. Ainsi Rébecca, l'épouse d'Isaac, fille d'un Araméen nommé Betuel. Ainsi Çippora, l'épouse du grand Moïse, fille d'un Madianite (nomade arabe), appelé, lui, Réuel. Ainsi, encore, Abigaïl, première femme du roi David.

Il est vrai que les auteurs de ces textes sacrés n'eurent pas le courage ou la possibilité d'énumérer les sept cents épouses et les trois cents concubines de Salomon, des étrangères d'ailleurs, qui le détournèrent du vrai Dieu.

Mais les origines de toutes les femmes jugées importantes par les auteurs bibliques sont connues.

Y compris, bien entendu, celle de la toute première, Eve.

Il n'existe que deux exceptions.

Sara, l'épouse d'Abraham, père de la nation juive et grand promoteur de la religion du Dieu unique.

Et Marie.

Marie apparaît donc comme une femme sans passé. Ce qui permit à quelques Pères de l'Eglise, puis à une cohorte de théologiens et de prédicateurs, d'établir de riches (et parfois hasardeuses) comparaisons avec Eve.

Mais il ne s'agit pas seulement des origines. Les Evangiles et les autres documents qui constituent le Nouveau Testament[1] * des chrétiens n'en disent guère davantage sur la vie de cette jeune femme. Matthieu qui, avec Luc, en parle le plus longuement, ne lui consacre que dix-sept versets (phrases ou courts ensembles de phrases) sur les mille soixante-huit que comporte son Evangile.

Dans l'ensemble du Nouveau Testament, elle n'est appelée par son nom, Marie, qu'une dizaine de fois. Moins souvent, donc, que Marie-Madeleine... Quand ils parlent d'elle, les évangélistes la considèrent de préférence comme « la mère » de Jésus ou « l'épouse » de Joseph. Enfin, en dehors des récits de la Nativité, dus seulement à Luc et Matthieu, ils l'oublient. Sauf en quatre occurrences :

— quand, lors d'un pèlerinage à Jérusalem, Jésus, âgé de douze ans, abandonne ses parents pour discuter

* On trouvera toutes les notes explicatives et toutes les références en fin de volume, ainsi que de nombreuses précisions ou des développements qui, autrement, alourdiraient trop le texte.

avec les érudits et les prêtres du Temple (Luc **2**, 45-51),

— pour signaler l'étonnement de ses compatriotes de Nazareth quand Jésus revient dans son village après avoir prêché et accompli des miracles. Les villageois se demandent alors : « N'a-t-il pas pour mère la dénommée Marie ? » (Matthieu **13**, 55 et Marc **6**, 3),

— pour souligner la tension existant entre Jésus, sa mère et sa famille (Matthieu **12**, 46-50, Marc **3**, 31-25 et Luc **8**, 19-21),

— pour indiquer que Marie se tenait au pied de la Croix lors du supplice de son fils (seul Jean **19**, 25 en fait mention, dans un verset discuté).

Aucun de ces épisodes, bien sûr, n'est négligeable. Mais ils se rapportent d'abord à Jésus.

On pourrait donc conclure – un peu rapidement et au risque de choquer – que Marie n'intéresse pas les auteurs de ces textes. Qu'elle est d'abord pour eux – osons le mot – un instrument.

Or, et voici le paradoxe, brûlant : ce nom presque absent des Evangiles, à peine mentionné dans le « Credo » et seulement par rapport à Jésus (« né de la vierge Marie »), a été donné à des dizaines de millions de petites baptisées, voire à de jeunes garçons. Il a aussi été conféré à de multiples églises, chapelles et autres lieux de culte, et même à des villes et des villages.

Bien plus, cette quasi-inconnue a été représentée de toutes les manières – avec talent, naïveté ou bêtise –, et sans elle l'histoire de l'art serait tout autre. Car cette femme ignorée des auteurs de son temps a été proclamée trois siècles plus tard mère de Dieu, puis reine et mère de l'Eglise, et mille fois couronnée. Elle a été

– est toujours – priée par des millions d'hommes et de femmes. Des milliers de miracles lui sont attribués. Aucune personne au monde n'a inspiré autant d'hymnes, de cantiques, de poèmes, de récits. Enfin, de tous les horizons, et par tous les moyens, des foules marchent, parfois se traînent, vers les lieux où elle est apparue, où elle a parlé, et parlé bien davantage que dans les Evangiles[2], des siècles après sa mort.

Il existe donc un mystère nommé Marie, qu'il faut tenter d'éclairer.

Mais il existe aussi, à son propos, un tabou. Je puis en témoigner : ayant publié en 1994 un livre consacré à Jésus[3], j'ai été violemment attaqué, et c'était presque toujours sur ce point : parce que j'avais osé émettre quelques interrogations sur la virginité perpétuelle de Marie. A en croire beaucoup, en effet, il y a des questions qu'il ne faut pas poser[4].

Ce tabou est évidemment un signe : à travers l'image que l'on a donnée de Marie, c'est celle de la femme qui est en question. Mais aussi une conception de la sexualité, une vision de l'Eglise et enfin un dogme fondamental du christianisme, *le* dogme fondamental : l'Incarnation, la foi en une personne qui soit vraiment Dieu mais aussi vraiment homme qui mourut parce qu'il était homme et qui ressuscita parce qu'il était Dieu.

Avec le respect, l'objectivité et la modestie qui s'imposent, il faut essayer d'examiner toutes les pièces du dossier et partir à la recherche de Marie. Celle de l'histoire et celle de la foi. Car il n'y a pas opposition entre l'une et l'autre. Si l'on croit que Dieu s'est incarné en Jésus, s'est fait homme en Jésus, il faut aussi considérer la vie de celui-ci et par conséquent celle de sa mère du point de vue de l'histoire, ce que je vais faire en m'appuyant sur les travaux des spécialistes.

Certains seront peut-être choqués par quelques pages de ce livre. Je les comprends et c'est pourquoi j'ai longtemps hésité à le publier. Car ces pages vont parfois à l'encontre de ce qui a été présenté des siècles durant comme des vérités absolues, « vérités » qui ont nourri leur foi et leurs prières. Mais ces « vérités »-là n'étaient pas, quoi qu'on ait dit souvent, fondamentales. Seules le sont l'Incarnation et la Résurrection.

PREMIÈRE PARTIE

ENQUÊTE

1

Née de père et de mère inconnus ?

Je viens d'écrire que l'on ne savait rien des parents de Marie. Certains pourront s'en étonner. L'Eglise catholique fête en effet le 26 juillet de chaque année une sainte Anne, présentée comme la mère de Marie, et un saint Joachim, qui aurait été son père. Sainte Anne, dont le nom a été donné à de nombreuses petites filles et à des lieux de culte, se serait même montrée au XVIIe siècle à un jeune paysan breton, apparition célébrée depuis par un pieux pèlerinage à Auray, en Morbihan.

Or, Anne et Joachim ne sont cités que dans les Evangiles apocryphes, dont l'Eglise conteste le sérieux et la vérité. Des textes qui méritent pourtant attention, car ils révèlent ce que les chrétiens des premiers temps ont cru, ou voulu faire croire. Et ils ont entraîné, entraînent encore, bien des croyances et des cultes.

Ces textes sont apparus, pour la plupart, des décennies après ceux de Matthieu, Marc, Luc et Jean. Beaucoup d'autres ont probablement disparu. Ils s'adressaient à des publics précis, habitants d'Alexandrie, paysans de Syrie, Palestiniens fraîchement convertis, et ainsi de suite. Leurs auteurs poursuivaient tous le même but : exprimer la foi des premiers chrétiens et démontrer à ces publics divers que Jésus et le christianisme correspondaient à ce qu'ils avaient toujours attendu ou espéré. Ces attentes étaient aussi diverses que ces peuples. Mais elles avaient un point commun : elles voulaient satisfaire des gens qui avaient soif de merveilleux, de magie et de miracles.

Pourtant, la toute neuve, et encore fragile, hiérarchie de l'Eglise veillait. Tout autour de la Méditerranée orientale et de l'Asie Mineure surgissaient en effet de multiples explications de l'événement-Jésus. Les questions posées n'étaient pas simples : était-il Dieu ? Et s'il était Dieu, pouvait-il être vraiment homme à la fois ? Ou bien s'était-il déguisé en homme ? Et s'il était Dieu, comment avait-il pu naître d'une femme ? Pouvait-il avoir été engendré par un homme ? Des questions dont on discutait dans les familles, et même, paraît-il, chez les dockers d'Alexandrie. Des questions fondamentales bien sûr, auxquelles tous ces gens ne disposaient, pour répondre, que de « la boîte à outils intellectuels » de leur époque.

Explorons cette « boîte à outils ». On y trouve, au premier rang, les enseignements, légendes, prières, récits, annonces, de la Bible des Juifs. Mais aussi la culture grecque, qui imprègne alors tout le monde intellectuel de la Méditerranée : le pouvoir politique est romain, mais le pouvoir culturel est grec. Cette culture grecque est très « dualiste », sépare radicalement l'esprit et le corps (voir *infra*, pp. 64-65). Mais, on trouve aussi dans la « boîte à outils intellectuels » du temps un méli-mélo de croyances persanes, égyptiennes, arabes : les nomades sont nombreux dans ces régions. Ils ne transportent pas seulement des marchandises mais des cultes et des idées.

Les auteurs des Evangiles apocryphes, chrétiens fervents, étaient ardents de propager leurs croyances et leur foi. Tellement soucieux de convaincre qu'ils furent tentés d'accommoder ces croyances à toutes les sauces. En outre, pour donner plus d'autorité à leurs écrits, ils n'hésitaient pas à les signer de grands noms, ceux de personnages contemporains de Jésus. Ces emprunts de signatures, aujourd'hui appelés d'un nom savant – « pseudo-épigraphiques » –, ne posaient pas alors de problèmes moraux considérables.

Mais quelques « Pères de l'Eglise », des hommes qui se présentaient comme les successeurs des apôtres ou l'étaient vraiment, s'arrachaient les cheveux. Un tel désordre ne pouvait se prolonger sans danger pour la vraie foi. Il fallait faire le ménage. Non sans difficultés parce qu'ils n'étaient pas unanimes, loin de là. Les plus influents commencèrent par qualifier « d'étrangers » plusieurs évangiles. Puis leur donnèrent le nom d'apocryphes, ce qui signifiait « cachés » mais fut bientôt compris comme « faux ».

Parmi les hommes qui firent ce tri, figuraient l'évêque de Lyon, Irénée, Origène d'Alexandrie (qui aurait lui-même des difficultés avec l'Eglise par la suite), bien d'autres encore. Pour choisir entre le vrai et le moins vrai, ils utilisaient divers critères, le principal étant la conformité des écrits mis en cause avec l'enseignement des apôtres [1]. Ils avaient fort à faire : « L'Eglise possède quatre Evangiles, l'hérésie en a une multitude », constata – déprimé ou furieux ? –

Origène [2]. Ces hommes dressèrent quand même, peu à peu, des listes d'œuvres inspirées à leurs yeux par la foi authentique. Elles furent rassemblées en 367 par un autre Père d'Alexandrie, Athanase. Voilà pour le bon grain. L'ivraie, c'est-à-dire l'ensemble des textes jugés apocryphes, fut recensé au Ve siècle par un pape nommé Gélase, issu d'une grande famille romaine.

Il n'empêche : on allait encore longtemps lire les apocryphes dans les couvents et les utiliser dans les prédications, célébrer par exemple les vertus de sainte Anne et raconter l'enfance de Marie. Ces textes ont donc laissé des traces profondes, imprégné les mentalités, inspiré des artistes parmi les plus grands, et très fortement contribué au développement du culte marial. Car, on l'aura compris, Marie y occupe une place considérable, bien davantage que dans les Evangiles canoniques.

Ces apocryphes, nous allons donc les retrouver à bien des étapes de notre enquête. Arrêtons-nous d'abord à ce qu'ils disent de la naissance de Marie.

Le texte le plus connu est le « protévangile de Jacques » : un Jacques que les Actes des Apôtres, et aussi saint Paul, appellent « le frère du Seigneur » (voir *infra*, chapitre 6). Ce texte [3] date de la seconde moitié du IIe siècle : Jacques était mort depuis longtemps. Mais l'important est ailleurs : c'est cet apocryphe qui a fait la popularité d'Anne et Joachim, les parents de Marie.

Ce couple vit dans le malheur : il n'a pas d'enfants. Ce qui est, pour les Juifs en général, une catastrophe, et, pour les femmes en particulier, une sorte de malédiction. « Je suis née maudite devant les fils d'Israël », gémit Anne dans son jardin en contemplant un nid de passereaux et en se comparant aux « animaux stupides » et aux « bêtes sauvages » qui ont la chance d'être féconds, eux. Aussi malheureux qu'elle, Joachim, son époux, « s'en va jeûner quarante jours dans le désert » (quarante, c'est la coutume). Ils gardent quand même quelque espoir : l'épouse d'Abraham, Sara, n'a-t-elle pas conçu Isaac alors que son mari était centenaire et qu'elle le suivait de peu ?

Anne et Joachim ont raison d'y croire : un ange apparaît à l'épouse, suivi bientôt de deux autres, pour lui annoncer une naissance : « Tu enfanteras et l'on parlera de ta postérité dans la terre entière. » L'époux, lui, est visité par un seul messager de Dieu qui lui annonce que sa femme est déjà enceinte (selon certaines versions de ce protévangile, ce n'est pas encore le cas). Du coup, Joachim rentre chez lui « et se repose ». Anne, elle, a répondu au premier de ses visiteurs qu'elle ferait don de son enfant, « garçon ou fille », au Seigneur pour qu'il le serve « tous les jours de sa vie ».

On notera qu'il existe dans ce récit deux annonciations séparées, l'une pour l'époux, l'autre pour l'épouse, comme ce sera le cas pour Marie et Joseph selon les Evangiles de Luc et Matthieu. Les anges ne parlent pas aux couples réunis.

Le septième mois (sept est le chiffre sacré, le monde ayant été créé en sept jours), Anne accouche. D'une fille. A laquelle elle donne le nom de Marie. Elle est folle de joie. Ce qui est quelque peu surprenant, car les filles n'étaient pas très considérées (après la naissance, par exemple, la mère devait être purifiée durant quarante jours pour un garçon, le double pour une fille). Fait inhabituel aussi : c'est Anne qui nomme son enfant, privilège réservé aux hommes. Ainsi Joseph, dans l'Evangile de Matthieu, se verra ordonner par « l'Ange du Seigneur » d'appeler son fils Jésus. Le père, dans le protévangile de Jacques écrit environ un siècle plus tard, passe donc, de manière significative, au second plan.

Voilà pour Anne et Joachim. Par la suite, ils amèneront leur fille à Jérusalem. Marie, alors, a trois ans. Ce qui inspira le Titien, peignant la petite fille grimpant hardiment sur les marches du Temple. Et aussi Rainer-Maria Rilke, le poète praguois, qui la décrivit, au début du XXe siècle, échappant à ses parents :

Mais elle passa
à travers eux, si petite, échappant à leurs mains
pour pénétrer dans son destin qui, plus haut
que le Temple,
était déjà parfait, plus que l'édifice[4].

Le Titien et Rilke sont cités ici parce qu'ils représentent une multitude. Leur exemple vise seulement à montrer combien le protévangile de Jacques, largement diffusé bien après qu'il eut été déclaré « apocryphe » par le pape Gélase, a inspiré l'image de Marie, et l'inspire, par le texte et l'image, aujourd'hui encore.

Nous retrouverons donc ce protévangile, parfois accompagné de quelques autres (« l'Evangile du pseudo-Matthieu », qui reprend certains de ses thèmes, ou « l'Ascension d'Isaïe »), lors des prochaines étapes de notre enquête. Signalons seulement que le Coran (VIIe siècle après Jésus-Christ), qui cite Marie bien plus souvent que les quatre Evangiles canoniques réunis, lui attribue un autre père, nommé Imran. Notons aussi que l'on peut déduire de sa parenté avec Elisabeth, fille d'Aaron, selon l'Evangile de Luc (**1**, 5 et **1**, 36), que Marie appartenait sans doute à la tribu de Lévi, un fils de Jacob, tribu qui fournissait des ministres du culte, les « lévites ». Enfin, selon une anecdote maintes fois racontée mais d'origine imprécise, un archevêque français du XIXe siècle, qui tenait sans doute à rassurer ses auditeurs, avait souligné dans un sermon que Jésus était « de bonne famille par sa mère [5] ».

2

L'annonce faite à Marie

Ils sont presque paisibles, gracieux en tout cas. Ils se tiennent dans un palais à colonnades, près d'un jardin fleuri aux allures de petit paradis. C'est de ce côté, d'ailleurs, que se tient un personnage d'allure masculine, portant des ailes multicolores, l'Ange. A droite, revêtue d'une robe rouge pâle et couverte d'un manteau bleu, Marie. Elle est assise. Sur un tabouret sans doute. Peut-être parce que, bouleversée, elle n'a pu se jeter à genoux. Elle paraît sereine. Une mince colonne, pourtant, les sépare. Une colonne qui distingue deux mondes.

Ce tableau, très connu, fut peint au milieu du XVe siècle, à Florence, sur un mur du couvent Saint-Marc, par Giovanni da Fiesole, qui serait ensuite nommé Fra Angelico. Il représente un événement clé de la vie de Marie, aux yeux des chrétiens : l'annonce qu'elle accoucherait d'un enfant qui serait appelé « Fils de Dieu ».

Le seul homme qui ait conté cette scène est Luc, probablement médecin à Antioche, en Syrie, ami de l'apôtre Paul. Et aussi écrivain : la lecture des Actes des Apôtres, dont il semble être en grande partie l'auteur, suffit à en convaincre. Surtout quand il conte le détail des périples de Paul : il s'inscrit alors dans une tradition grecque de littérature de voyage, dont l'*Ulysse* d'Homère est une illustration connue.

Cet écrivain connaît bien les textes sacrés des Juifs. Le « Magnificat » qu'il fait prononcer à Marie quelque temps après l'annonce en rassemble plusieurs extraits. Jean Daniélou, grand exégète et futur cardinal, l'avait noté : « Dans l'Evangile de Luc, les cantiques de la première partie semblent bien des compositions de Luc, *ou des textes liturgiques utilisés par Luc. Il en est de même, par exemple, du discours de l'Ange à Marie*[1]. »

L'Ange se nomme Gabriel. Il n'est apparu sous ce nom, qui signifie « Dieu est fort », qu'une seule fois auparavant : les anges étaient d'ordinaire anonymes. Mais Gabriel est venu du ciel dans le livre de Daniel, un texte biblique écrit, semble-t-il, dans les années 167-164 avant Jésus-Christ, et qui a inspiré bien des œuvres ultérieures. Dans ce livre, Daniel, sage Juif (d'abord proche de Nabuchodonosor, roi de Babylone, puis persécuté en raison de sa foi), expliquait que les royaumes païens se délabraient, victimes de leur propre corruption. Mais bientôt, un Dieu transcendant établirait lui-même son royaume, un règne qui n'aurait pas de fin.

Daniel racontait ses visions. Celle-ci par exemple qui paraît presque – déjà – évangélique :

Voici, venant sur les nuées du ciel
comme un Fils d'homme.

Il s'avança jusqu'à l'Ancien
et fut conduit en sa présence.
A lui fut conféré empire
honneur et royaume,
et tous peuples, nations et langues le servirent
(**7**, 13-14).

Ici, il faut s'arrêter un instant. Car les textes de Daniel et de Luc sont assez proches. Entrons dans le détail.

D'abord, ce titre de Fils d'homme ou Fils de l'homme, Jésus, dans les Evangiles, se l'est attribué lui-même avec prédilection. Or, selon bien des spécialistes, cette expression, dans le texte de Daniel, « a un sens particulier, éminent, elle désigne un homme dépassant mystérieusement la condition humaine[2] ». Par ailleurs, Daniel utilise souvent l'expression « Très-Haut » pour désigner Dieu. Et, dans les sept paroles de l'ange Gabriel à Marie, les mots « Très-Haut » reviennent deux fois. Or, c'était Gabriel qui servait d'interprète à Daniel pour lui expliquer le sens de ses visions (Livre de Daniel **8**, 15-27 et aussi **9**, 20-27).

Luc a fait intervenir ce même Gabriel au début de son récit, dans l'annonce faite à Zacharie, vieux prêtre et mari d'Elisabeth, laquelle était « aussi avancée en âge » et stérile. Gabriel le réconforta en lui annonçant la naissance d'un garçon qui deviendrait Jean-Baptiste. Or, il existe un parallélisme troublant entre l'annonce à Zacharie et une rencontre de Daniel et Gabriel[3].

Luc, de toute évidence, a donc connu cet ange Gabriel grâce au livre de Daniel (Gabriel, il est vrai, méritait de l'être : dans la Bible, il fut le premier ange ressemblant à un homme et volant entre ciel et terre).

Luc a ainsi composé le texte de ses annonces en se laissant inspirer par des écrits anciens. De même, comme le laissait entendre Daniélou, le Magnificat que dit Marie reprend en partie des textes des Ecritures : le cantique d'Anne, la mère de Samuel, mais aussi des versets des Psaumes ou du Livre de Job[4].

Il s'agit donc de textes soigneusement composés qui tiennent plus de la littérature que de l'histoire. *A leur lecture, il importe moins de s'attacher à la précision des faits qu'à leur sens.*

Je répéterais volontiers dix fois cette phrase, tant elle me paraît capitale pour la compréhension de l'événement-Jésus et de l'événement-Marie.

Quel sens a donc le récit poétique de l'Annonciation selon Luc ?

Le premier correspond tout à fait au mot « évangile » : *evangelion*, en grec, signifie, on le sait, « bonne nouvelle ». Or, tout ce texte respire la joie.

L'Ange commence par dire à Marie : « Réjouis-toi. » Quand la jeune femme, après l'avoir entendu, se rend chez sa cousine Elisabeth, déjà enceinte de Jean-Baptiste, celle-ci lui parle aussitôt d'allégresse et de bonheur. A quoi Marie répond par le Magnificat, pour dire d'abord que son esprit « tressaille de joie ». Cette jeune Juive ne demande qu'à croire et à se réjouir. Pas, d'abord, à mesurer les risques.

Le deuxième sens du récit de l'Annonciation concerne, plus précisément encore, la personnalité de Marie.

Voilà une jeune femme qui n'a rien demandé. Situation d'une extrême rareté dans les rapports des hommes avec Dieu, ou avec les dieux. Aujourd'hui encore : prier est devenu synonyme de demander. Mais hier davantage, à lire les textes anciens. Ainsi, Zacharie, le père de Jean-Baptiste à qui Gabriel est apparu quelques mois plus tôt, avait auparavant « supplié » Dieu (**1**, 13). Mais aussi, une autre Anne, la mère du prophète Samuel : stérile, elle pleure et prie beaucoup Yahvé de lui faire la faveur d'un enfantement. Elle fait même le vœu de lui donner son fils, s'il en naît un. Une sorte d'échange.

Marie, elle, n'a rien demandé. Cette jeune femme va faire la volonté de Dieu, mais elle est la première surprise de ce qui lui arrive. Et elle n'en tirera aucune gloire immédiate, ni aucun bénéfice particulier. Jésus lui-même, lorsqu'il prêche devant la foule, et qu'on lui annonce l'arrivée de sa famille, refuse de la voir, indique que sa vraie parenté est bien plus large (Luc **8**, 19-21, Matthieu **12**, 46-50, Marc **3**, 31-35). Les auteurs des Evangiles, eux, se hâteront d'oublier Marie. Comme s'il s'agissait d'un de ces « serviteurs sans mérites » dont parlait Jésus (Luc **16**, 10). Elle se qualifie elle-même d'ailleurs, avant le départ de l'ange Gabriel, de « servante du Seigneur », ajoutant : « Qu'il m'advienne selon ta parole. » Elle a confiance, elle se fie, elle fait foi.

Or, ce qu'elle vient d'entendre est – au sens le plus fort du terme – bouleversant. C'est l'annonce d'un monde nouveau : l'enfant à naître « régnera sur la maison de Jacob à jamais et son règne n'aura point de fin ».

A partir de ce moment, il y a un *avant* et un *après*. Une histoire a été accomplie et une autre histoire commence, qui se nourrit de la première. Et cette jeune Juive est la première à entendre annoncer cet événement fondamental dans l'histoire de l'humanité. Un événement qui exige son concours. Total.

Le comprend-elle aussitôt ?

On peut, on doit, s'interroger : l'évangéliste Luc ne s'est-il pas permis bien des libertés ? Tout ce qu'il dit de Jésus – qui recevra « le trône de David, son père » (prédiction fausse si l'on s'en tient à la lettre) et qui régnera toujours – est tellement énorme que Marie ne devrait jamais l'oublier. Or, douze ans plus tard, si l'on en croit le même Luc (**2**, 41-50), le jeune Jésus, venu au Temple avec ses parents, les abandonne pour discuter avec les prêtres et les érudits du lieu. Et sa mère s'étonne. A ses questions, il répond : « Ne saviez-vous pas que je me dois aux affaires de mon Père ? » Apparemment, non. Marie et Joseph ne savent pas : « Mais eux, écrit Luc, ne comprirent pas la parole qu'il venait de leur dire. »

Une incompréhension surprenante.

D'autant qu'entre-temps, à en croire encore Luc, Jésus est né dans des circonstances extraordinaires : une chorale céleste chantait la gloire de Dieu dans un ciel de feu d'artifice, et des bergers prévenus par des anges sont venus adorer le nouveau-né et raconter aux parents les merveilles dont ils venaient d'être témoins[5].

D'autant, aussi, que lorsque Joseph et Marie se sont rendus au Temple, quarante jours après la naissance, pour le rite de la purification[6], ils ont rencontré le pieux vieillard Syméon. Qui leur a fait des déclarations non moins surprenantes. Joseph et Marie lui ayant mis l'enfant dans les bras – manière pour l'évangéliste de montrer qu'ils le remettent d'un même mouvement à Dieu et aux hommes –, Syméon a rendu grâce sur le thème : maintenant je peux mourir car j'ai vu cet enfant qui éclairera les nations et glorifiera Israël. Mais il a ajouté, à l'adresse de Marie : « Toi-même, un glaive te transpercera l'âme » (Luc **2**, 35).

Tant de signes, d'annonces, de messages pour arriver à l'incompréhension manifestée lors de l'épisode du Temple ! C'est évidemment impossible. Il faut le répéter : le récit de l'Annonciation par Luc est du domaine du symbolique. Et riche en enseignements, il faut le répéter aussi.

Il souligne que Marie est disponible : quand Gabriel lui annonce la future naissance, elle le croit, à la différence du prêtre Zacharie quand l'Ange lui parlait de sa future paternité. Celui-ci avait aussitôt demandé une preuve ou un signe (Luc **1**, 18). Un scepticisme qui lui valut d'être puni par la perte de la parole jusqu'à la naissance de Jean-Baptiste.

Marie, elle, qui croit et accepte dans la même seconde, demande seulement – si l'on peut dire puisque c'est une question capitale – comment « cela se fera » puisqu'elle ne « connaît » pas d'homme.

Certains en ont déduit qu'elle ne voulait même pas en connaître, qu'elle aurait fait auparavant, avant la visite de l'Ange, un vœu de virginité perpétuelle. Cette thèse, défendue notamment par saint Augustin, trouve sans doute origine dans le protévangile de Jacques[7]. Lequel fut repris par un *Livre de la nativité de Marie*, écrit en latin et daté de la fin du IXe siècle, donc très éloigné des faits.

La thèse du vœu de virginité perpétuelle ne tient guère puisque Marie est fiancée à Joseph, qu'elle ne peut lui faire le tort et l'affront de le laisser sans descendance et que le judaïsme ignorait totalement le vœu de virginité consacrée. Les femmes de la Bible, on le sait, ne vivaient que pour procréer : qui n'engendre pas pèche contre le commandement de Dieu. Les Esséniens eux-mêmes, personnages pieux et ascétiques que la découverte des manuscrits de la mer Morte a rendus célèbres, ignoraient un tel vœu. Ils étaient d'ailleurs très minoritaires – quatre mille environ à cette époque.

Or, le pape Jean-Paul II, dont la ferveur mariale est bien connue et qui n'ignorait pas la fragilité de cette thèse[8], l'a néanmoins défendue avec force. Pour lui, si Gabriel et Luc ont appelé Marie « Vierge », ce n'est pas seulement par référence à sa situation du moment, comme un simple constat, mais par « allusion » à son « intention de persévérer dans la virginité[9] ». Cette intention, aux yeux de Jean-Paul II, est « implicite[10] ». Simple supposition personnelle ? Non. Le fait que le pape y soit revenu à plusieurs reprises semble indiquer qu'à ses yeux c'est une vérité de foi. D'autant que, pour lui, ces textes évangéliques « respirent la vérité ». Comment ? Jean-Paul II répond hardiment que lesdits textes dépendent, directement ou de manière indirecte, « des témoins oculaires et surtout de Marie comme source principale du récit[11] ». Ce que rien n'atteste, concernant Marie. Et ce que peu d'exégètes sérieux signeraient.

Luc, dans les premières lignes de son Evangile (**1**, 1-4), se réfère en effet aux « récits » composés et transmis par « ceux qui furent dès le début témoins oculaires et serviteurs de la Parole ». Ce qui peut concerner certains apôtres ou d'autres premiers disciples. Il n'est fait, nulle part, aucune allusion à un récit « composé » et transmis par Marie « comme source principale du récit ». On peut penser que si Luc avait disposé des confidences de celle-ci, il l'aurait signalé.

Le plus important, pour qui s'intéresse d'abord à la personne de Marie, est ailleurs : dans l'autre partie de la question qu'elle pose à l'ange. La jeune femme, en effet, ne se contente pas d'un « oui », d'un *« fiat »*, ou d'un *« amen »*, bien qu'elle ait affaire à un émissaire de Dieu. Elle demande des explications. Elle accepte, mais elle veut comprendre. Elle a les pieds sur terre. Elle ramène son interlocuteur à la réalité des choses de la vie par cette question : « Comment cela se fera-t-il ? » Bien entendu, la plupart des commentateurs, passionnés par l'affirmation de la virginité de Marie comme si cela seul importait, oublient presque toujours cette question. Reprenons la phrase : « Comment cela se fera-t-il, puisque je ne connais point d'homme ? » Et ouvrons un livre de grammaire : il y a dans cette interrogation une proposition principale et une proposition subordonnée. La principale est la première : « Comment cela se fera-t-il ? » Elle signifie à la fois l'acceptation et le réalisme.

Marie, cette réaliste, est prête à prendre, pour le service de Dieu, tous les risques : se trouver enceinte alors qu'elle est presque mariée à Joseph ne ferait pas seulement jaser les commères de Nazareth et pleurer de honte ses parents, ce serait avoir commis un adultère et encourir, peut-être, la mort [12].

Ces risques, elle les prend parce qu'elle est sainte. Gabriel, à son arrivée, après avoir dit à Marie « Salut » ou « Réjouis-toi » (selon les traductions), avait ajouté qu'elle est « pleine » ou « comblée de grâces » (là encore, les traductions divergent). Ici se pose une question délicate : Marie était-elle prédestinée ?

De multiples textes et cantiques disent qu'elle a été « choisie » par Dieu. Ce qui est évident. Autrement, la mission de Gabriel n'aurait aucun sens. D'ailleurs, le célèbre humaniste hollandais Erasme et le réformateur Martin Luther ont contesté la traduction de la Bible en latin faite par saint Jérôme et appelée « Vulgate » qui dit Marie « pleine de grâces ». En se référant au mot grec d'origine – hécharitomène –, ils préfèrent « pleine de faveurs [13] ». Etre choisie pour une telle mission qui changerait l'histoire de l'humanité est effectivement une exceptionnelle, surnaturelle faveur.

Marie pouvait-elle répondre « non » ? L'enseignement de l'Eglise catholique qui la glorifie d'avoir accepté suppose, logiquement, qu'elle pouvait donc refuser. Seulement voilà : la même Eglise a érigé en dogme l'Immaculée Conception (que beaucoup de chrétiens très pratiquants confondent encore avec la « conception virginale », ce qui laisse à penser sur la qualité de l'enseignement qu'ils reçoivent). Or – faut-il le rappeler ? –, l'immaculée conception de Marie signifie qu'elle, et elle seule, n'a pas été souillée par le péché originel dès la fécondation de l'ovule de sa mère. A en croire ce dogme, Dieu n'a donc pas voulu s'incarner dans le ventre d'une femme semblable à toutes les femmes, c'est-à-dire tachée par la faute d'Adam et Eve. Marie est ainsi hors de l'humaine condition. Mais si elle a été mise à part dès l'origine, alors elle n'était plus une femme libre, alors elle ne pouvait pas refuser, son avenir était tout écrit, elle était prédestinée.

On ne peut croire que Dieu ait voulu tous les hommes libres à l'exception d'une seule personne, Marie, celle justement par laquelle il allait s'incarner[14]. On ne peut croire qu'il l'ait ainsi considérée comme un simple instrument.

D'autant qu'à la différence de ses parents, qui l'ont « accordée en mariage » (Luc **1**, 27), c'est-à-dire mariée à Joseph sans lui demander son avis, Dieu lui donne la parole. Elle a son mot à dire dans cette affaire. Et elle dit « oui ».

On ne peut à la fois louer le « oui » de Marie à Gabriel et croire en l'Immaculée Conception. Il se trouve toujours, certes, et il se trouvera encore, des théologiens pour affirmer le contraire et tenter de le démontrer par une de ces acrobaties intellectuelles dont quelques-uns ont le secret[15]. Mais la question posée par le dogme de l'Immaculée Conception nous entraîne au cœur du problème, celui de l'image de Marie telle qu'elle a évolué au cours des siècles. Pour suivre un ordre logique, il faut d'abord évoquer une autre annonce, celle qui a été faite au grand oublié, Joseph.

3

Les annonces faites à Joseph

Pour ses contemporains, le vrai nom de Jésus était Jésus-ben-Joseph, Jésus fils de Joseph. C'est probablement ainsi qu'il faut comprendre les versets de Luc (**4**, 22) et de Jean (**6**, 42) où des habitants de Nazareth, ayant entendu Jésus prêcher, s'interrogent, éblouis par sa science et sa sagesse : celui-là, c'est pourtant Jésus-ben-Joseph, un homme de chez nous ?

Or, Joseph est encore moins cité que Marie dans les Evangiles. Et – saint Jean Chrysostome excepté, qui fut patriarche de Constantinople au IVe siècle –, il n'a guère intéressé les théologiens. L'Eglise, d'ailleurs, le fête peu.

Il joua pourtant un rôle capital. Pour plusieurs raisons :

1) Bien que la théologie classique ait paru longtemps l'ignorer, un père « enfante » aussi. Pas seulement par l'acte sexuel, la fécondation de l'ovule par le spermatozoïde. Mais par les relations qu'il noue ensuite, peu à peu, avec l'enfant.

Les anciens avaient une conception de la personne

bien différente de la nôtre. A leurs yeux, toute la personnalité de l'enfant était innée, renfermée dans la semence paternelle, la femme ne jouant qu'un rôle limité, celui, si l'on peut se permettre cette comparaison, d'un vase empli d'engrais dans lequel on plante une graine. Nous savons, nous, que la personne se construit peu à peu, que l'acquis compte autant, souvent plus, que l'inné. Celui-ci, certes, n'est pas négligeable, mais celui-là ne l'est pas moins. Les événements de la vie, les rencontres, les actions, l'éducation reçue, l'exemple donné, importent souvent davantage. Certains enfants ressemblent parfois davantage à leur père adoptif, dont ils ont emprunté les attitudes et le langage, qu'à leur père biologique, « tiennent » plus de celui-là que de celui-ci[1].

Ce rôle du père dans l'enfantement, dans le temps de l'enfance et au-delà, n'était pas mesuré à sa juste valeur au temps des évangélistes.

Mais soulignons-le : jusqu'à l'âge de douze ans au moins (puisqu'on ne trouve plus aucune mention de Joseph dans les Evangiles après la visite au Temple), Jésus a été élevé, enfanté, par un couple. Ce que, dans son enseignement, voire dans le culte, l'Eglise oublie encore bien souvent.

2) C'est Joseph qui donne son nom à Jésus (selon Matthieu, **1**, 21). Or c'était, pour les Juifs de l'époque, un acte capital, une manifestation d'autorité aussi. Tant qu'on n'a pas de nom, on n'existe pas vraiment. Charles Perrot, professeur à l'Institut catholique de Paris, l'a souligné : « Marie lui donne [à Jésus] son être, mais c'est Joseph qui, en lui donnant son nom, en fait un être social : il l'introduit dans la condition humaine ; c'est par lui que Jésus va avoir des racines

dans un peuple, une lignée, par lui qu'il entre dans une tradition, va apprendre un métier[2]. » Et il ajoute : « On comprend que Marie puisse dire à Jésus [lors de sa disparition au Temple] : “Ton père et moi”. »

3) Par Joseph, nous disposons de quelques lumières sur le milieu dans lequel se déroula l'enfance de Jésus, à Nazareth.

Ce village était tout petit. A tel point que l'Ancien Testament n'en a jamais fait mention, les écrits des rabbins de l'époque non plus. Il y avait là une source, attrait pour les caravanes venues des régions arides, et pour quelques sédentaires qui pouvaient ainsi abreuver leur bétail, irriguer leurs terres et vendre aux caravaniers bricoles artisanales et nourriture. Le sol était fertile. Ernest Renan, au XIXe siècle, allait décrire la Galilée, à la suite d'un voyage, comme « un pays très vert, très ombragé, très souriant, le vrai pays du Cantique des cantiques et des chansons du bien-aimé. Pendant les deux mois de mars et d'avril, la campagne est un tapis de fleurs, d'une franchise de couleurs incomparables[3] ». Peut-être... Renan est bien lyrique. Nombre de Galiléens, pourtant, vivaient difficilement. Les paraboles de Jésus en portent témoignage qui évoquent souvent des paysans endettés, voire des chômeurs. Dans l'histoire dite des « ouvriers de la onzième heure » (Matthieu **20**, 1-16), le propriétaire d'un grand domaine, en quête de travailleurs pour entretenir sa vigne, les engage dès l'aube, puis jugeant l'effectif insuffisant, revient à plusieurs reprises sur la place du village afin d'en embaucher d'autres. Pas assez : à l'approche de la nuit, il lui en faut encore. Il les trouve, sans peine, au même endroit. Avec une belle inconscience, il leur demande pourquoi ils sont restés tout le jour sans travailler ; à quoi ils répondent par un triste et simple constat : c'est que personne, disent-ils, ne les a embauchés[4].

Joseph, charpentier de son état, faisait figure, dans ce monde-là, de petit notable. Pour les Juifs, tout travail manuel est sacré. « L'artisan à son ouvrage n'a pas besoin de se lever devant le plus grand docteur », disaient les rabbins.

Le notable Joseph était lui aussi un homme très religieux, comme en témoigne le pèlerinage au Temple. C'est lui, bien sûr, qui emmenait Jésus à la synagogue, où les femmes n'étaient admises que dans une galerie séparée. C'est lui qui avait en charge, d'abord, la formation religieuse de l'enfant. Compte tenu de ce que l'on sait par ailleurs de Marie, on peut certes penser qu'elle y contribuait beaucoup (voir *infra*, chapitre 7, p. 101). Mais elle ne s'en chargeait pas seule.

4) Par Joseph, l'Evangile de Matthieu tente d'établir « la filiation davidique » de Jésus. De manière quelque peu surprenante, il est vrai.

Voici le problème : le Messie que les Juifs attendaient pour rétablir Israël dans son indépendance, son intégrité et sa grandeur, devait (doit) appartenir à la descendance de David[5]. Matthieu, qui veut convaincre que Jésus correspondait à toutes les attentes exprimées dans la Bible, tient donc à le prouver. Dans son texte, il attribue volontiers à Jésus le titre de « Fils de David ». Bien plus souvent que les autres évangélistes (Jean, notamment, l'ignore). Matthieu fait aussi naître Jésus à Bethléem, cité de David, en modifiant sans trop de vergogne une citation du prophète Michée qui situait en ce lieu la naissance d'un libérateur d'Israël[6]. Enfin, il établit une généalogie de Jésus qui veut ranger celui-ci parmi les descendants de David. Seulement voilà : cette généalogie passe par Joseph.

Les généalogies avaient, pour les Juifs, une extrême importance. Ce peuple avait beaucoup erré, sans terre, durant des siècles. Sa mémoire ne se situait donc ni dans les lieux, ni dans les bâtiments (le Temple de Jérusalem excepté, quand il n'était pas détruit) mais dans les origines. Pour tous. Et pour chacun. La plupart des personnages bibliques (sauf Marie) sont ainsi situés. Les généalogies des hommes (souvent plus longues que celles des femmes) constituent en quelque sorte leur carte d'identité.

Luc, de son côté, en avait établi une qui commence ainsi : « Jésus, lors de ses débuts, avait environ trente ans et il était, croyait-on, fils de Joseph, fils d'Héli »... et cette généalogie remonte jusqu'à « Seth, fils d'Adam, fils de Dieu » (Luc **3**, 23-38). Du quarante-deuxième nom, Nathan, au dernier, Dieu, Luc s'est fondé sur les indications bibliques. Mais sa liste est essentiellement symbolique. Elle comprend au total 77 personnages : le chiffre sacré entre tous, 7, figure donc deux fois, et le 77ᵉ personnage est Jésus, ou Dieu, selon que l'on lise en commençant par le début ou la fin. Le 49ᵉ nom en commençant par la fin se nomme également Jésus (un Jésus ignoré), or 49 est le carré de 7. Et ainsi de suite[7].

Matthieu, lui, annonce clairement ses intentions. Premier verset de son Evangile : « Généalogie de Jésus-Christ, fils de David, fils d'Abraham. » Il commence donc par Abraham. Il utilise, aussi, la symbolique des chiffres, la précise lui-même pour qu'elle soit plus évidente : « Le total des générations est donc d'Abraham à David, quatorze générations, de David à la déportation de Babylone, quatorze générations, de la déportation de Babylone au Christ, quatorze générations » (**1**, 17). Quatorze, encore un multiple de sept.

Pour parvenir à ce résultat, Matthieu a quelque peu joué avec les chiffres. Et sa généalogie est très différente de celle de Luc.

Mais il y a plus intéressant.

D'abord, on y remarque des présences féminines. Quatre, en dehors de Marie. Et ces quatre-là ne sont pas toujours très recommandables. Tamar, une veuve sans enfant, se déguisa en prostituée pour que son beau-père couche avec elle et assure ainsi la descendance de Juda, le fils de Jacob (Livre de la Genèse, **38**). Rahab, une prostituée cananéenne[8], donc païenne, trahit ses frères pour aider les Israélites à pénétrer dans Jéricho (Livre de Joseph, **2** et **6**) et la Terre promise. Ruth, originaire de Moab – nation exécrée par les Juifs –, fille délurée, se glissa dans la couche de Booz, riche fermier (Livre de Ruth, **3**). Enfin, la « femme d'Urie », comme dit Matthieu, qui ne veut même pas la nommer, n'est autre que Bethsabée, dont le roi David fit sa maîtresse et envoya à la mort, lâchement, le mari, un de ses plus fidèles officiers (IIe Livre de Samuel). Pas de quoi se vanter.

Comment expliquer ces présences ? Certains commentateurs soulignent que la volonté de Dieu s'exprime parfois à travers des situations peu claires pour les humains, qu'il « écrit droit avec des lignes courbes ». D'autres, comme l'Américain Krister Stendhal, prêtent à Matthieu une autre intention : le « non-conformisme » de ces quatre femmes préparait au non-conformisme, bien plus saint évidemment, de Marie, vierge et mère[9]. Il est vrai surtout que chacune d'entre elles, comme Bethsabée qui donna naissance au roi Salomon, ont assuré à leur manière la continuité des générations pour arriver justement à Salomon, fils de David et ancêtre de Joseph.

Il y a quand même un problème. C'est Joseph qui descend de David et non Marie. Matthieu écrit : « Jacob engendra Joseph, l'époux de Marie, de laquelle naquit Jésus, que l'on appelle Christ. » Il s'agit apparemment d'une pirouette : Matthieu veut affirmer à la fois que Jésus descend de David et qu'il n'est pas le fils de Joseph, mais de Marie dont on ignore les origines et qui est vierge. Bien sûr, on peut expliquer que par Joseph, considéré par les Juifs de l'époque comme le seul vrai père, Jésus descend de David aux « yeux du monde ». Mais, théologiquement, cela importe peu[10].

Il se trouve, en outre, que Matthieu est contredit par un personnage que nous avons déjà rencontré : Irénée, l'évêque de Lyon, qui joua un rôle capital dans le tri entre les évangiles retenus par l'Eglise et ceux qu'elle considéra comme apocryphes. Or, Irénée, dans l'un de ses principaux écrits, « Contre les hérésies » (**3**, 21, 9), explique que dans la liste de Matthieu se trouvent des hommes de peu : Joachim, roi de Juda, et Jéchonias, tous deux rejetés par Dieu. Selon le prophète Jérémie, rappelle Irénée, Dieu a dit qu'aucun descendant de ces hommes-là ne s'assoirait sur le trône de David. Donc, Jésus, s'il avait été le fils de Joseph, n'aurait pu être « ni roi, ni héritier », et ceux « qui disent que le Seigneur a été engendré de Joseph [...] s'excluent eux-mêmes du royaume ». Acharné à vouloir prouver que Jésus est né d'une vierge, Irénée n'y va pas de main morte ! Il réduit à néant les efforts généalogiques de Matthieu. Peu lui importe : à ses yeux, comme à ceux de plusieurs auteurs des premiers siècles, c'est Marie qui est de la maison de David (« Contre les hérésies », **3**, 21, 5). Ce que rien n'atteste. Au contraire (voir *supra*, p. 23).

5) Joseph, enfin, comme Marie, bénéficie d'une annonce. Et même de plusieurs. C'est Matthieu qui les raconte, seul.

Le récit de la première ne manque pas d'intérêt. D'abord, Joseph n'est averti qu'avec retard. Marie et lui n'ont pas encore mené de vie commune et elle est enceinte, « par le fait de l'Esprit-Saint ». Qu'elle soit enceinte, Joseph le sait déjà : Matthieu dit que cet « homme droit » n'a pas voulu dénoncer publiquement la jeune femme et a résolu de la répudier en secret. Un verset (**1**, 19) qui donne une information – la grossesse n'était donc pas évidente à ce moment – et pose du même coup une question : comment Joseph est-il au courant ?

On peut supposer que Marie le lui a dit, ce qui ne serait pas surprenant et qu'il faut porter à son crédit. Mais on doit déduire alors que Joseph n'a pas cru à ses explications puisqu'il veut la répudier. Il est vrai que les conditions de la conception étaient tout à fait extraordinaires et que Joseph n'avait à coup sûr jamais rien entendu de tel.

On doit aussi s'interroger sur la « répudiation en secret ». La répudiation était un acte grave, même si, à cette époque, elle n'entraînait plus, fatalement, la lapidation comme aux temps anciens, plutôt la tonte de la victime. Et on voit mal comment Joseph eût pu répudier Marie en cachette : les règles en vigueur supposaient le concours de plusieurs témoins.

Concluons de ces questions que Matthieu a voulu donner un coup de chapeau à Joseph.

Cet évangéliste éprouve d'ailleurs bien de la sympathie pour notre charpentier. Peut-être parce qu'il n'est pas très féministe, il lui accorde un rôle important : Joseph, on l'a vu, nomme Jésus, mais c'est aussi à lui que « l'Ange du Seigneur » vient recommander, après la naissance, de quitter dare-dare Bethléem pour l'Egypte car le roi Hérode veut faire périr l'enfant. C'est encore à lui que « l'Ange du Seigneur », réapparu, annonce la mort d'Hérode qui permet à la petite famille de regagner la Palestine, et c'est lui, enfin, qui décide d'aller s'installer à Nazareth[11]. Joseph bénéficie donc de trois annonces. Pendant toute cette partie de l'Evangile, d'ailleurs, Marie n'est plus nommée. Joseph joue les premiers rôles, emmène en Egypte « l'enfant et sa mère », expression quatre fois utilisée (**2**, 13, 14, 20, 21).

Retour en arrière, à la première annonce. Résumons : Joseph a appris que Marie était enceinte sans qu'il l'eût « connue », il a décidé de la répudier en cachette et, là-dessus, il va dormir[12]. Alors, apparaît en songe « l'Ange du Seigneur ». Le songe est un moyen de communication volontiers utilisé par la Bible. Daniel, que nous avons déjà rencontré, en fut souvent bénéficiaire deux siècles auparavant. Un autre Joseph, celui qui fut vendu par ses frères avant de devenir Premier ministre de Pharaon, était favorisé de rêves également[13].

Soulignons cependant une particularité sans doute très importante : ce n'est pas Gabriel qui intervient près de Joseph le charpentier mais « l'Ange du Seigneur ». Or, dans les textes anciens, ce terme désignait

Dieu en personne. Il est possible qu'il n'en fût plus de même à l'époque de Matthieu. Mais il est possible aussi que celui-ci ait voulu marquer une attention spéciale à Joseph. Lequel l'a bien mérité. D'ailleurs, saint Jean Chrysostome soulignait que son acte de foi, son acceptation, fondés sur un rêve, pouvaient susciter plus de louanges que ceux de Marie, bénéficiaire, elle, d'une apparition...

L'essentiel, bien entendu, est ailleurs. C'est l'explication de la grossesse de Marie : « Ce qui a été engendré en elle vient de l'Esprit-Saint. » Ce verset, le vingtième du premier chapitre de Matthieu, suit de quelques lignes seulement la généalogie de Jésus. Or, composant celle-ci, l'auteur écrivait : « Abraham engendra Isaac, Isaac engendra Jacob », et ainsi de suite jusqu'à Joseph. Toujours « engendra », toujours à la forme active. Mais quand « l'Ange du Seigneur » parle à Joseph, il utilise la forme passive : « Ce qui a été engendré en elle. » Il ne dit pas clairement que l'Esprit-Saint « a engendré ».

Certes, il ne faut pas tordre les textes pour en tirer des interprétations hasardeuses, ou souhaitées. Il est clair que toute cette annonce faite à Joseph affirme la virginité de Marie. Mais ce passage de la forme active à la forme passive indique bien que l'intervention divine dans cette naissance, aux yeux de Matthieu, n'est pas de même nature que celle des pères humains. Ce qui n'est pas sans conséquence pour l'étude de la question qui va maintenant nous occuper : la virginité de Marie.

Rappelons seulement, avant d'en terminer avec ces annonces à Joseph, que « l'Ange du Seigneur » a souligné pourquoi il fallait donner à l'enfant le nom de

Jésus. « Car c'est lui, a-t-il dit, qui sauvera son peuple de ses péchés. » Jésus, en effet, Yeshoua en hébreu, signifie « Yahvé sauve ». Mais Matthieu introduit ainsi un thème qui lui est cher, celui de la rédemption, selon lequel le sacrifice de Jésus, supplicié sur la Croix, avait pour but la « satisfaction » de son père, comme l'ont écrit bien des théologiens aux yeux de qui cette mort était en quelque sorte le prix à payer pour l'effacement des fautes de l'humanité [14]. Ce que, sous une forme moins brutale, croient encore beaucoup de chrétiens.

4

La conception virginale

En dehors des Evangiles de Luc et Matthieu, aucun texte du Nouveau Testament n'indique que Marie était vierge en concevant Jésus, et le demeura.

Les autres évangélistes, mais aussi Paul, Pierre – à lire leurs épîtres ou les propos que leur prêtent les Actes des Apôtres –, annoncent Jésus comme étant le Messie, le Seigneur, le Sauveur, le Fils de Dieu, mais ils ne s'intéressent à aucun moment aux conditions de sa naissance. Pourtant, l'auteur des Actes des Apôtres est, au moins en grande partie, le même Luc qui a raconté l'annonce faite à Marie par Gabriel et les circonstances merveilleuses de la nativité. Et c'est tout juste si Paul, soucieux de montrer aux Galates que Jésus était vraiment homme, indique qu'il est « né d'une femme » (Galates **4**, 4), ce qui peut signifier aussi bien jeune fille qu'épouse.

La conception virginale n'était pas, aux yeux de ces premiers missionnaires qui allaient propager la foi chrétienne, un fait essentiel. Ou bien, ils l'ignoraient.

D'ailleurs, aucun propos de Jésus rapporté par les textes n'y fait la moindre allusion.

Or, et voilà le paradoxe, cette croyance, énoncée seulement au VIIe siècle de manière officielle par le concile de Latran, est devenue – de fait – l'un des articles majeurs de la foi catholique. Cette croyance et sa contestation ont donné lieu à des querelles, parfois sanglantes. Elles ont suscité de multiples études dont l'ensemble emplirait les plus vastes bibliothèques. En outre, cette affirmation a influé – lourdement – sur l'attitude de l'Eglise à l'égard de la sexualité, sur son comportement envers les femmes. En fin de compte, dans la société occidentale au moins, l'image de la femme et de son rôle en a été fortement marquée.

La multiplicité et la complexité des questions posées en font un écheveau difficile à démêler. Sur quel fil tirer d'abord ? Revenons à l'origine : les premiers chapitres de Luc et Matthieu.

Quelles étaient leurs sources ?

Le pape Jean-Paul II, on l'a vu (voir *supra*, p. 31), semble affirmer hardiment que Luc tenait ses informations de Marie elle-même. Or, l'Evangile de Luc a été écrit dans les années 80, voire plus tard[1]. Il est donc difficile, nous l'avons dit (voir *infra*, note 1, p. 171), de penser que celui-ci ait connu Marie.

Passons à Matthieu. Selon une tradition qui remonte au IIe siècle, l'apôtre portant ce nom, un collecteur d'impôts, aurait – au moins – écrit en araméen, la langue usuelle de la région, un recueil de paroles de

Jésus. Certains passages de ce recueil font peut-être partie du texte actuel, dû à un autre auteur juif, dont la langue maternelle serait le grec[2].

Le livre signé de Matthieu vise à convaincre les Juifs que l'événement-Jésus correspond à ce qu'annonçaient les Ecritures. Il cite très souvent celles-ci.

Ces chapitres des Evangiles consacrés à la naissance sont considérés par la plupart des spécialistes comme des textes poétiques. Ou de la théologie. Pas de l'histoire[3]. Mais la théologie, bien sûr, peut et doit dire le Vrai. La poésie le peut aussi.

Ajoutons que, aux yeux de beaucoup, les récits de l'enfance qui ouvrent les Evangiles de Luc et Matthieu auraient été rédigés, le deuxième surtout, après les autres parties de leurs Evangiles, comme on écrit une préface ou un avant-propos après coup, pour présenter et éclairer le texte d'un livre[4]. Mais aussi parce que la réflexion des premiers chrétiens après l'événement-Jésus (prédication, miracles, mort, résurrection) ne les avait pas amenés à s'interroger d'abord sur les conditions de sa naissance. Leurs premières questions étaient autres : ces hommes et ces femmes, ses premiers compagnons, avaient cru qu'il était le Messie, qu'il régnerait. Et voilà qu'il était crucifié, qu'il subissait la mort la plus infamante. Certes, ils l'avaient vu, ensuite, ressuscité. Quand même... L'idée d'un Messie souffrant n'était pas du tout envisagée par les Juifs de cette époque[5]. Et la résurrection de Jésus ne gommait pas, n'occultait pas ce passage par la Passion, la condamnation, les insultes et le supplice. Ce sont ces événements-là qui les stupéfiaient. C'est donc ce qui a provoqué leurs premières réflexions. En témoignent les premiers discours aux Juifs, prêtés à Pierre par l'auteur des Actes des Apôtres : ils ne parlent que de la mort et de la résurrection (Actes des Apôtres **2**, 22-36, **3**, 13-15, **4** 9-12, etc.).

Le fait est d'autant plus frappant que Pierre, à ce moment, toujours selon les Actes des Apôtres (**1**, 14), rencontre « habituellement » Marie. On peut légitimement supposer qu'elle lui aurait alors parlé de toutes les circonstances miraculeuses de la naissance de Jésus si celles-ci avaient existé. Et donc qu'il en aurait fait mention.

Ces discours de Pierre sont cités dans les Actes par le même Luc, pense-t-on généralement, à qui est attribué le récit de l'annonciation. Bien sûr, il ne donne pas de ces propos des transcriptions littérales. Il donne à lire des reconstitutions postérieures. Ce qui ne signifie pas que celles-ci s'éloignaient beaucoup des paroles de Pierre. De récentes études (d'exégètes suédois notamment) ont rappelé que les Juifs de l'époque utilisaient des techniques de mémorisation du discours très sophistiquées. Sous la direction de son rabbin, le disciple (talmîd) apprenait à lutter contre les défaillances de la mémoire. Il n'y a donc pas de grande rupture entre ce qui a été dit et ce qui fut ensuite écrit. L'auteur présumé des Actes, qui est aussi celui du récit de l'annonciation, ignorait-il, avait-il oublié, ce qu'il avait lui-même écrit, et qui était extraordinaire, au sens propre du mot ?

Paul, lui, ne s'intéressait guère à la vie de Jésus : après qu'il eut été bénéficiaire d'une apparition sur le chemin de Damas, il ne se précipita pas à Jérusalem pour en savoir davantage, il laissa passer trois années avant de s'y rendre.

S'accrochant à l'idée de l'origine davidique, il écrivit d'ailleurs, dans son Epître aux Romains (**1**,3), que Jésus était issu de « la lignée de David selon la chair ». Or, le terme chair à cette époque représente la personne tout entière, corps compris, bien sûr. Jésus, en ce sens, est donc vraiment fils de Joseph.

L'idée de la conception virginale n'est apparue qu'un peu plus tard[6].

D'où vient cette croyance ?

Examinons d'abord le contexte. Des histoires de vierges fécondées par des dieux n'étaient pas rares dans le monde ancien. Apollon, par exemple, aurait eu de cette manière au moins deux fils : d'abord Auguste, selon l'historien latin Suétone, né d'une certaine Atia dont le dieu aurait fréquenté la couche sous la forme d'un serpent (comme le tentateur d'Eve), tandis qu'elle dormait. Platon aussi, selon Plutarque cette fois, serait fils d'Apollon « par la puissance », Apollon ayant ainsi fécondé une mortelle nommée Périctione. De même, le poète grec Eschyle raconte que Zeus aurait rendu enceinte, par un « souffle mystique », une prêtresse de son épouse Héra, nommée Io.

L'on pourrait multiplier les exemples, hors de la mythologie grecque également. Jean-Marc Moschetta, auteur d'un livre remarquable et malheureusement peu remarqué sur la conception virginale, *Jésus, fils de Joseph*[7], consacre à ces cas plusieurs pages documentées.

La culture grecque imprégnait à cette époque tout le monde méditerranéen. Mais de l'Orient venaient aussi d'autres histoires, comme celle de Zarathoustra, autrement appelé Zoroastre, réformateur de la religion perse antique, que sa mère, selon certains textes, aurait conçu en absorbant un breuvage à base de lait.

Enfin, Eugen Drewermann a rappelé l'influence égyptienne, la naissance de Pharaon engendré par le dieu Amon qui s'est approché sexuellement de la reine Ahmosé [8]. L'égyptologue allemande Emma Brunner-Trant a même écrit dans un article intitulé de façon significative « Pharaon et Jésus, fils de Dieu », que « pratiquement, tous les épisodes du miracle de Noël se retrouvent déjà en Egypte [9] ». La mère de Pharaon devenait automatiquement vierge sitôt l'accouchement terminé, car un être d'essence divine ne pouvait voir le jour que d'une façon extraordinaire.

Passons au judaïsme ancien. La Bible n'est pas avare de grossesses miraculeuses : nous avons déjà évoqué celle de Sara, épouse nonagénaire d'Abraham, ou d'Anne, mère de Samuel. Mais l'une et l'autre, jusque-là stériles, « connaissaient » leur époux pour concevoir. Dieu leur permettait de devenir fécondes. C'est tout.

Seul un certain pseudo-Philon, auteur inconnu d'un texte appelé « Antiquités bibliques », écrit qu'Isaac est né d'une vierge. Ce qui est tout à fait contraire au texte de la Bible : si Sara se désole de sa stérilité, c'est évidemment qu'elle a eu des rapports avec Abraham !

Il est vrai que, dans les apocryphes juifs de l'Ancien Testament (qui existent aussi), on se rapproche parfois de l'idée de conception virginale. Au moins une fois de manière évidente. C'est à propos de Melchisédek (roi et grand prêtre, encore cité dans le canon de la messe parce qu'il apporta à Abraham du pain et du vin, ce qui fut considéré comme une préfiguration de l'eucharistie). Or, un de ces apocryphes de l'Ancien Testament, le « Livre des secrets d'Hénoch », raconte que la mère de Melchisédek, Sophonim, âgée et près de mourir, « conçut dans son ventre » alors qu'elle n'avait pas couché avec son mari, Nir. Ce qui la surprit fort, on l'imagine. Elle se défendit d'avoir été adultère mais ignorait d'où venait « l'indécence de [son] ventre ». Hélas, elle mourut en accouchant. Nir et son frère trouvèrent le petit Melchisédek assis près du cadavre. L'enfant parlait déjà pour louer Dieu. Les deux hommes conclurent : « Ceci est du Seigneur[10] ! »

L'intéressant de cette histoire est que l'on en retrouve trace dans un texte du Nouveau Testament, l'Epître aux Hébreux. Ce texte, oubliant même la pauvre Sophonim, décrit Melchisédek comme un homme « qui est sans père, sans mère, sans généalogie, dont les jours n'ont pas de commencement et dont la vie n'a pas de fin, *qui est assimilé au Fils de Dieu* » (7, 3).

Ce texte, d'origine incertaine mais d'importance reconnue, établit donc un lien entre l'histoire racontée par le « Livre des secrets d'Hénoch » et Jésus.

Dans l'un des manuscrits de la mer Morte, le « Testament de Joseph » (il ne s'agit pas de l'époux de Marie mais d'un fils de Jacob), on lit aussi cette phrase : « Et je vis que de Juda était née une vierge portant une robe de lin, et d'elle surgit un agneau sans tache[11]. »

On ne trouve guère d'autres exemples de conception virginale dans le judaïsme : celui-ci, on l'a souvent souligné, ne tenait pas la virginité en très haute estime. Les rabbins recommandaient, au contraire, de se marier le plus tôt possible[12]. Et l'insistance sur la conception virginale provoqua, au IIe siècle, l'une des principales polémiques entre les chrétiens et les juifs. On en trouve un écho dans le *Dialogue avec Tryphon* écrit en 165 par Justin, un philosophe chrétien. Voulant faire l'apologie du christianisme, Justin imagine qu'il dialogue avec un Juif cultivé, qu'il appelle Tryphon. Il lui prête donc des objections qui sont celles des Juifs de l'époque. Or, ce Tryphon apostrophe vigoureusement Justin à propos de la conception virginale : « Vous devriez rougir de raconter les mêmes choses qu'eux [les Grecs]. Il vaudrait mieux dire que ce Jésus fut un homme parmi les hommes [...]. N'allez pas parler de prodiges si vous ne voulez pas qu'on vous accuse d'être aussi fous que les Grecs. »

Pour répondre à ces attaques, Justin cite, comme Matthieu l'avait déjà fait dans son Evangile (**1**, 22-23), un verset d'Isaïe (7, 14) : « Voici que la Vierge concevra et enfantera un fils auquel on donnera le nom d'Emmanuel. » Pas de chance. Cette citation est fausse. Tout le monde en est d'accord. Mais Matthieu et Justin n'ont pas triché. C'est la traduction grecque établie dans la Septante (une traduction de l'Ancien Testament réalisée entre 250 et 130 avant Jésus-Christ à l'usage des Juifs dispersés dans le monde grec et incapables de comprendre leur langue d'origine) qui est erronée (voir *infra*, note 10, p. 183). Matthieu, qui a repris le texte grec, mérite donc l'absolution.

Reste à savoir pourquoi, quelque quarante ou cinquante ans après la mort de Jésus, des communautés chrétiennes – pas toutes, mais celles dont les Evangiles signés Luc et Matthieu sont l'écho – ont cru en la conception virginale. Le contexte que nous venons d'évoquer y poussait en partie. Des ragots qui couraient sur la naissance de Jésus aussi [13]. Mais il existe une autre cause : c'est que ces hommes et ces femmes ne savaient pas comment se faisaient vraiment les enfants.

Revenons-y, car l'essentiel est là. Le père Moingt, jésuite, souligne que les anciens « attribuaient entièrement et exclusivement à la génitalité du mâle le dynamisme originaire de la vie naissante, la femme n'étant que le réceptacle nourricier de cette vie : l'embryon prend son origine dans la semence virile et (ensuite) prend forme et croissance dans le ventre maternel » qui le nourrit. Sans plus. Si bien que Matthieu et Luc, voulant attribuer à Dieu la paternité de l'enfant, « étaient forcément obligés d'écarter toute intervention physique de Joseph et de faire intervenir, à sa place, une puissance fécondante ou une semence toute pure, venue de Dieu : « l'Esprit-Saint [14] ».

Autrement dit, s'ils voulaient démontrer que Jésus était le fils de Dieu, ils n'avaient pas le choix. Regardons leurs textes de plus près encore. Car ils ne sont pas aussi décisifs en la matière qu'on le croit souvent.

Qu'ont dit exactement les évangélistes ?

Quelques poètes, des romantiques surtout, ont évoqué le « pigeon divin », matérialisation du Saint-Esprit [15] descendant sur Marie pour la féconder. Mais à bien lire Luc et Matthieu, on ne trouve chez eux la moindre allusion à une union sexuelle de Marie. Ni à une matérialisation, une hominisation quelconque, de l'Esprit-Saint. C'est qu'il ne faut pas se tromper de rôle : comme son nom l'indique, celui de l'Esprit est spirituel, non charnel. L'Ange dit à Joseph : « Ce qui a été engendré en elle vient de l'Esprit-Saint » (Mt **1**, 20), mais se garde bien d'expliquer comment. Et Justin, déjà cité (voir *supra*, p. 53), souligne que l'Esprit a rendu Marie mère « non par union charnelle mais par puissance » (**1**, Apologie 33,4).

Selon Luc, un peu plus précis, l'ange annonce à Marie : « L'Esprit-Saint viendra sur toi, et la puissance du Très-Haut te prendra sous son ombre » (**1**, 35). L'exégète américain J. A. Fitzmyer, spécialiste de l'Evangile de Luc, souligne que Gabriel parle au futur[16]. Donc, l'intervention d'un homme dans la conception, après la visite de l'ange, est toujours possible (alors que pour Matthieu, la conception était déjà réalisée). Et Fitzmyer ajoute que « venir sur » et « couvrir de son ombre » peuvent être compris comme des images, sans connotation sexuelle. Il n'est pas le seul à le penser.

Notons cependant que pour saint Augustin (*Sermo de tempore* XXII), la fécondation se serait faite par l'oreille, idée soutenue aussi par un poète du IVe siècle, Ephrem de Syrie, selon lequel la conception de Jésus avait été effectuée *per aurem* (« oreille ») et non *per uterum* (« utérus »). La Parole portée par Gabriel aurait donc été fécondante. Un très beau symbole, une fois encore : la parole de Dieu apporte la lumière à l'homme.

Le père Marie-Emile Boismard, dominicain, fournit peut-être une explication, en ce qui concerne Luc. Il pense, après une analyse complexe du texte, que le verset 35, où l'ange évoque l'action de l'Esprit-Saint, a été ajouté plus tard à la version originale, et que l'auteur de cet ajout a modifié en conséquence le verset 27, celui qui qualifie Marie de « Vierge » au moment où l'ange lui parle [17].

Et si l'on se tournait, pour voir plus clair, vers la génétique ?

Qui veut avancer dans la compréhension des écrits de Luc et Matthieu doit souligner une fois encore que les évangélistes ignoraient une donnée capitale : la semence masculine ne suffit pas, même nourrie et développée dans le ventre de la mère, à former, seule, un enfant. Si l'on reprend l'image de la graine, il faut dire qu'elles doivent être deux, celle du père et celle de la mère. Celle-ci n'est pas vraiment fécondée par celui-là, même si la médecine actuelle utilise encore, par commodité, cette formulation qui donne à la mère un rôle passif ; ils contribuent tous deux à la formation de l'embryon. A égalité.

Sans trop entrer dans les détails [18], il faut rappeler que chacune des cellules qui composent notre corps contient le programme, les indications de montage si l'on veut, qui aboutiront à la formation de l'individu. Ce programme, ou ces programmes, sont appelés génome. Ce génome, patrimoine héréditaire, est composé de paires de chromosomes. Or, chaque paire comprend un chromosome venu du père par l'intermédiaire du spermatozoïde et un chromosome venu de la mère par l'ovule. Les rôles de chacun sont donc *égaux*. A la réserve près que la femme donne un chromosome X, et l'homme un chromosome Y, spécifique du sexe masculin. Un homme doit toujours son chromosome Y à son père.

Si Jésus est un véritable homme, comme le dit fermement le Credo des chrétiens, aussi fermement qu'il le dit vrai Dieu, cela signifie qu'il possède une partie paternelle et une partie maternelle.

Si la partie paternelle ne vient pas de Joseph mais de Marie seule, nous nous trouvons dans une situation de parthénogenèse (conception sans fécondation par une cellule mâle) ; mais dans ce cas, extrêmement rare, Jésus serait une fille.

Si la partie paternelle vient de l'Esprit-Saint, Jésus devient un fils de l'Esprit-Saint pour ce qui concerne sa réalité humaine, ou bien c'est l'Esprit-Saint lui-même qui s'incarne. Dès lors, le dogme de la Trinité est mis en cause.

Thomas d'Aquin, aux prises avec cette question ardue, a écrit (dans sa *Somme contre les Gentils*) que « l'Esprit-Saint n'a pas produit la nature humaine dans le Christ à propos de sa propre substance ; seul son pouvoir a œuvré à cette production ».

Autrement dit, la partie paternelle a été créée par un miracle provoqué par l'Esprit. Mais quelle est alors la « substance » qui l'a produite ? Si elle vient de Dieu le Père, l'homme Jésus n'est pas le Fils éternel « engendré, non pas créé », comme le souligne le Credo. Il est créé quant à sa « nature humaine ». Et, en outre, pourrait-il être considéré comme un homme véritable ?

Or, les Pères de l'Eglise, dans leurs polémiques passionnées contre ceux qu'ils nommaient hérétiques, ont toujours soutenu avec force que la chair du Christ était semblable à la nôtre. Parce que ces hérétiques soutenaient que Jésus n'avait pas de chair, seulement une apparence, ou alors une chair d'une « qualité particulière[19] ». Et les Pères de l'Eglise répondaient fermement « non, c'est la même chair ». Si l'on ne le croit pas, alors on vide de son sens le dogme capital de l'Incarnation. Mais si on le croit, on doit croire que dans chaque paire de chromosomes du génome de Jésus, l'un venait d'un homme et l'autre d'une femme.

On ne peut guère croire à la fois en l'Incarnation et en la conception virginale. On ne peut guère croire à la fois en celle-ci et à ce qu'écrit l'Epître aux Hébreux, c'est-à-dire que Jésus « devait se rendre semblable en tout à ses frères » (**2**, 17). Pour que Jésus soit « vrai homme », il est indispensable qu'il soit né d'un père humain et d'une mère humaine dans une relation sexuelle normale, l'intervention de l'Esprit-Saint n'étant pas charnelle. Et si l'idée de « conception virginale » a eu un tel succès, c'est qu'elle a été propagée par des hommes qui avaient peine à croire en l'Incarnation parce qu'ils méprisaient le corps, sous l'influence des Grecs qui confondaient chair et animalité.

Concluons : le fait de la conception de Jésus sans intervention physique de Joseph n'est pas avéré, bien au contraire. D'ailleurs, à la fin du Ier siècle, l'Evangile signé Jean fait dire à l'apôtre Philippe (**1**, 45) : « Celui de qui il est écrit dans la loi de Moïse et les prophètes nous l'avons trouvé, c'est Jésus, le fils de Joseph de Nazareth. » Et Charles-Harold Dood, l'un des meilleurs spécialistes de l'interprétation des Evangiles, souligne que cette expression « le fils de Joseph », n'a pas été placée là par inadvertance[20].

Un « Père de l'Eglise » a écrit un jour : « Répéter la même chose est lassant, mais c'est plus sûr. » Je répète donc ce que j'ai écrit voici quelques pages : quand on étudie les textes évangéliques, il faut toujours passer du fait qu'ils exposent au sens qu'il a revêtu pour leurs auteurs.

Quel est le sens de la conception virginale ?

Il faut d'abord rappeler une évidence : ces textes concernent Jésus plus que Marie, bien que l'on ait souvent pensé, parlé et écrit comme si c'était le contraire. Mais ils concernent aussi Marie.

Commençons par Jésus. La conception virginale n'est pas la preuve de sa divinité. Jean qui n'y croyait pas (ou ne s'y intéressait guère) est l'évangéliste qui affirme le plus clairement la divinité de Jésus. On citera aussi, à un autre niveau bien sûr, ce qu'écrivait en 1969 le théologien allemand Joseph Ratzinger, devenu ensuite au Vatican préfet de la Congrégation pour la doctrine de la foi (ex-Saint-Office) : « La filiation divine de Jésus ne repose pas, d'après la foi de l'Eglise, sur le fait que Jésus n'a pas eu de père humain ; la doctrine de la divinité de Jésus ne serait pas mise en cause si Jésus était issu d'un mariage normal[21]. » Il est vrai que par la suite, contredit par un autre théologien allemand, H. Urs von Balthasar[22], Ratzinger est revenu quelque peu en arrière[23] mais sans se rétracter tout à fait.

Un exercice un peu acrobatique. Passons. Et retenons sa première affirmation. On peut, en effet, considérer autrement l'intervention divine dans la naissance de Jésus. L'enseignement traditionnel de l'Eglise ne dit-il pas que tous les parents constituent le corps de tout enfant à naître et qu'ils sont « causes dispositives » de l'âme, qui lui est donnée par Dieu ? Celui-ci peut donc intervenir dans une naissance due à une relation sexuelle normale.

Puisque nous en sommes à la recherche du sens de la conception virginale, il faut signaler un remarquable parallèle – volontaire certes – entre les récits de la résurrection et les évangiles de l'Enfance. Ils veulent signifier, l'un et l'autre, que Jésus est homme quand il naît – d'une femme – et quand il meurt comme nous ; mais il est Fils de Dieu quand il ne naît pas d'un père humain et quand il ressuscite.

Eugen Drewermann souligne de même que « la naissance de Dieu au sein de la Vierge » se situe au même niveau que « l'ouverture du tombeau au matin de Pâques »[24]. Il voit dans ces deux événements des mythes (ce qui ne signifie pas qu'ils soient sans importance, les mythes pouvant exprimer des vérités difficiles à énoncer autrement). Bien sûr, l'on n'est pas obligé d'admettre tout à fait ces parallèles entre conception virginale et résurrection : celle-ci, en effet, a été accompagnée de divers signes et témoignages. Rien de tel pour la conception.

Poursuivons cependant le parallèle : que signifie la Résurrection, sans la réalité de laquelle la foi serait vaine, comme le dit Paul ? Non seulement que la mort est vaincue, mais qu'une ère nouvelle commence dans l'histoire de l'humanité. La conception virginale signifie, elle, que cette ère nouvelle est un don de Dieu, une initiative de Dieu. Que Jésus est un nouvel Adam.

Le rôle de Marie n'est pas négligeable pour autant. Cette histoire montre que Dieu a besoin des femmes aussi. Mais la qualité première de Marie ne tient pas à sa virginité, sous son aspect purement physiologique. Il y a une sorte de matérialisme à s'en tenir à ce seul point. Christian Makarian, spécialiste de l'information religieuse, écrit avec pertinence que « voir dans la conception virginale une qualité physiologique est presque un contresens ». Il ajoute : « Etre "vierge", à l'exemple de Marie, c'est avant tout refuser la corruption du monde et affirmer que l'on possède en son cœur un "ailleurs" pur et parfait. »[25]

Les Pères de l'Eglise, dans les premiers siècles, semblaient considérer que la virginité tient seulement à la non-rupture de l'hymen. Mais l'actualité, la littérature d'aujourd'hui donnent assez d'exemples de types de relations sexuelles qui peuvent s'accommoder de l'intégrité de l'hymen. Et pour lesquelles parler de virginité confinerait à la plaisanterie. Heureusement, les théologiens médiévaux ont été sensibles, ensuite, à cet aspect et Thomas d'Aquin a souligné dans sa *Somme théologique* – sans remettre en cause la virginité matérielle – que la virginité se trouve « essentiellement dans l'âme ».

Voilà en effet une jeune femme, Marie, qui accepte au long de sa vie, non sans difficultés et drames, d'être la mère d'un homme tout à fait hors du commun prêt à mourir pour remplir sa mission. Si l'on s'en tient d'abord ou uniquement à cette disponibilité de Marie, son rôle n'en est aucunement atteint. J'écrirais volontiers : au contraire.

Et si nous poursuivons notre recherche du sens, nous pouvons souligner que la participation de Marie à la venue de Jésus dans le monde – et donc à son œuvre – est un signe de l'alliance entre Dieu et les hommes pour poursuivre la Création. La participation de Joseph, bien sûr, renforce ce signe.

Le symbole de la conception virginale rappelle

aussi le rôle du Saint-Esprit, ce personnage de la Trinité dont bien des croyants ne savent que faire. Ce rôle n'est pas où on le situe, c'est-à-dire à la place de Joseph. Il est du côté de Marie. C'est grâce à l'intervention de l'Esprit-Saint que l'union de Joseph et de Marie entraîne la naissance d'un humain hors du commun. « L'Esprit et Marie ont même mission qu'ils accomplissent en parfaite synergie, l'un sur le mode céleste, l'autre sur le mode humain », écrit François-Xavier Durwell[26]. L'Esprit-Saint n'est pas procréateur (c'est-à-dire géniteur, père naturel). Dieu n'est pas masculin, l'Esprit non plus. Et Jean-Marie Moschetta, déjà cité, qui est à la fois scientifique et théologien, n'hésite pas à écrire : « Du point de vue charnel, la mère de Jésus est Marie, tandis que c'est l'Esprit qui assure sa maternité spirituelle[27]. »

Nier le sens très physiologique que l'on attribue d'ordinaire à la conception virginale n'est pas affaiblir le message qu'elle transmet, bien au contraire. Qu'on l'appelle symbole ou théologoumène (sorte d'image destinée à faire comprendre une affirmation de foi), elle est riche d'enseignements[28]. Des enseignements que ses promoteurs, par la suite, obsédés par l'exaltation de la virginité, aussi bien – sinon plus – charnelle que spirituelle, ont malheureusement fait oublier. Il faut maintenant nous intéresser à ces hommes-là et à leurs motivations.

5

Les promoteurs de la virginité de Marie

Les visiteurs des Catacombes où se cachaient les premiers chrétiens de Rome pourraient en être surpris : les représentations de Marie, si nombreuses depuis des siècles dans les établissements religieux, n'y fleurissent guère.

Les quelques rares images de Marie la montrent sous les traits, pas toujours gracieux, d'une matrone romaine (ainsi dans une fresque de la catacombe dite de « Priscille »). A l'époque, il est vrai, on ne la fêtait guère dans ce monde-là. La vénération de Marie s'est d'abord développée en Orient.

Il nous est difficile d'imaginer le foisonnement d'interprétations de l'événement-Jésus et, par suite, de l'attitude de Marie, qui existèrent alors. D'autant que beaucoup de textes ne nous sont pas parvenus, ou ne nous sont connus que par allusions. En outre, toutes les croyances ne restaient pas cloisonnées en un lieu. Paul, Pierre et quelques missionnaires chrétiens n'étaient pas seuls à traverser la Méditerranée. Les gens de ce temps, commerçants, militaires, politiques ou religieux, voyageaient beaucoup. Ainsi l'évêque de Lyon, Irénée, qui venait d'Orient, fit adopter en Gaule des prières et des fêtes mariales [1]. Ainsi, dès le début du IIe siècle, Ignace, né à Antioche et martyrisé à Rome, avait propagé la foi en la conception virginale.

Commençons avec un personnage déjà cité, Justin, l'auteur du dialogue avec le Juif Tryphon (voir *supra*, p. 53). Il est né, comme il dit, « en Syrie de Palestine », de parents d'origine grecque, donc païens pour les juifs, mais aussi pour les chrétiens. Et surtout, il ne cache pas être imprégné de culture grecque. « Moi-même, écrit-il, lorsque j'étais encore disciple de Platon, j'entendais les accusations portées contre les chrétiens [2] » (**2**, Apologie 12).

Arrêtons-nous donc un instant à Platon et ses disciples, qui influencèrent la doctrine chrétienne bien plus qu'on ne le croit d'ordinaire. Pour eux, quatre siècles avant Jésus-Christ, la matière est mauvaise, un abîme la sépare du monde des idées, notamment de l'idée du bien.

Au temps de Jésus ensuite, Philon d'Alexandrie, Juif mais disciple de Platon, écartelé entre ces deux fidélités, avait condamné le plaisir de la chair, celui du corps. Lequel, expliquait-il, provoque des sensations qui, « telles de jolies servantes », les portent au maître. Lequel en jouit. Mais c'est en réalité une catastrophe pour lui : « De chef qu'il était, il devient sujet ; de maître, esclave ; d'immortel, mortel. »

De même, Plotin, trois siècles plus tard. Originaire d'Alexandrie lui aussi, il avait découvert le grand philosophe grec vers la trentaine, avant de parcourir l'Orient et de se fixer à Rome. Choyé par la haute société et vivant en ascète, il enseignait le platonisme avec ferveur. Inconditionnel, il rêvait même de bâtir dans la campagne romaine une cité des philosophes, Platonopolis. Très écouté bien qu'il parlât mal, il expliquait que le monde, échappé à la divinité, est une déchéance. La matière est le mal et l'homme doit s'en délivrer. L'âme, qui anime un corps matériel, s'y disperse, parce qu'elle est assaillie par des désirs (un thème que reprendra saint Augustin). Cette âme, « exilée dans ce monde matériel », doit résister, se libérer par l'ascèse. Ce qui est difficile. « Elle ne peut se confondre avec le divin qu'en y échappant [au monde matériel] à de rares moments. » Cette ascèse que Plotin pratiquait avec rigueur lui permit, selon son disciple Porphyre, qui vécut près de lui, de parvenir à de brefs moments d'extase, très rares.

Toute une mystique chrétienne, et même une imagerie, des cantiques aussi, s'imprégnèrent des pratiques et des idées de Plotin, cette opposition entre l'âme et le corps.

Tous ces gens héritaient de doctrines plus anciennes qui méprisaient le monde, à commencer par la terre puisqu'elle est constituée d'un élément moins noble que les trois autres (air, feu et eau). Et si le monde était méprisable, comment en irait-il autrement de l'homme ? Ne lisait-on pas dans l'*Iliade* que « Rien n'est plus misérable que l'homme de tout ce qui a souffle et mouvement » ? Or, notre Justin en a hérité comme Philon et les autres. Il n'est certes pas le seul[3]. Mais il va jouer un rôle décisif. En trois domaines, qui resteront liés jusqu'à nos jours :

1) Il s'accroche à la traduction grecque – fausse – du texte d'Isaïe (7, 14) : « voici que la Vierge concevra[4] ». Et Justin conclut : « La Vierge a conçu sans

relations charnelles car, dans le cas contraire, elle n'aurait plus été vierge » (**1** Apologie 33, 4). Ce qui ne manque pas de logique. Ce qui diffère aussi des légendes grecques où les dieux s'unissaient aux mortelles.

2) Il développe un parallèle entre Eve et Marie qui sera beaucoup reproduit, développé et enrichi. « Pour Eve, écrit-il, être vierge et non souillée, et avoir conçu la parole à partir du serpent, amena la désobéissance et la mort. La Vierge Marie, par contre, ayant reçu la foi et la joie lorsque l'ange Gabriel lui annonça la bonne nouvelle [...] répondit : qu'il en soit fait de moi selon ta volonté[5]. » Marie devient la nouvelle Eve, l'opposé de la première femme. Avec elle, de même que Jésus est le nouvel Adam, commence une nouvelle ère dans l'histoire de l'humanité. Ce qui est riche de sens pour les chrétiens.

Mais cette opposition entre Eve et Marie entraîne loin. Relisons cette phrase de Justin. Il écrit qu'à l'origine Eve était « vierge et non souillée ». Ce ne sont pas deux qualités différentes. Si l'on n'est plus vierge, on est souillé(e). Les deux vont de pair. Et le serpent est le symbole du sexe masculin. Marie, parce qu'elle est le contraire d'Eve, *doit* donc être vierge. Qu'elle l'ait été en réalité ou non n'est pas ce qui importe d'abord aux yeux des Pères de l'Eglise. Ce qui compte, c'est la logique de leur raisonnement.

Dans cet esprit, ils vont réinterpréter la Genèse. De la manière que je vais tenter de résumer. Eve est créée pendant qu'Adam dort. Mais c'est comme s'il en avait rêvé : à son réveil, il n'est pas surpris une seconde de se trouver deux ; c'est même lui qui l'appelle « femme ». Et que va-t-elle susciter en lui ? Le désir. Elle est en effet ce qui lui manque : l'os de ses os, la chair de sa chair. Elle a été tirée de lui, c'est pourquoi il « s'attache » à elle pour « devenir une seule chair ». Et aussitôt, elle invente la séduction. Ayant connu le serpent, elle offre à Adam le fruit, « séduisant à voir », du paradis. Dès lors, le sexe est le péché, ou l'occasion du péché. Avant cette histoire du fruit, l'homme et la femme étaient nus « et ils n'avaient pas honte l'un de l'autre » ; mais aussitôt qu'ils eurent mangé, leurs yeux à tous deux s'ouvrirent, « ils connurent qu'ils étaient nus » et ils se couvrirent de feuilles pour se faire « des pagnes », c'est-à-dire cacher leurs sexes (pas leurs troncs). Voilà donc une traduction moralisatrice du récit de la Genèse, une traduction qui fait de la femme la première coupable, et du désir sexuel, de la relation sexuelle, le premier péché. L'obsession du péché dû au plaisir sexuel poussera même les théologiens médiévaux à s'interroger gravement : Marie avait-elle éprouvé du plaisir en produisant ce qu'ils appelaient la « semence féminine » nécessaire à la conception de Jésus ? Si oui, elle avait pêché.

Poursuivons la comparaison entre Eve et Marie, qui fait de celle-ci le contraire de celle-là. Puisque, selon la Genèse, Eve, par sa faute, a été à l'origine de la mort physique des hommes, Marie doit y échapper. Donc, une tradition s'établit suivant laquelle, au terme de sa vie terrestre, elle s'endort seulement, avant d'être transportée au ciel pour y trôner près de Jésus. Ce qui amènera à formuler le dogme de l'Assomption (voir *infra*, p. 152).

Certains pousseront même cette logique plus avant : de même que Jésus rachète « le péché », Marie, contraire d'Eve, efface l'action de celle qui fut l'origine du péché, la première femme. C'est l'une des sources de la thèse qui la fait « corédemptrice » de l'humanité avec Jésus. Ce que l'Eglise catholique a jusqu'à présent refusé de dire clairement, mais laisse parfois supposer, à demi-mot ou dans les images, et que certains prédicateurs, de grande piété mariale, se laissent aller à dire (voir *infra*, chapitre 11).

3) Une telle vision de la faute d'Eve a entraîné, bien sûr, de graves conséquences pour l'image de la femme.

La misogynie n'a certes pas été inventée par les chrétiens. Surtout pas par Jésus[6]. Mais elle était désormais promise à un bel avenir[7].

D'autant qu'à l'époque, quelques textes juifs reprenaient à peu près le même thème, liaient sexe et péché, se référant à un texte de la Genèse (**6**, 1-7), d'interprétation difficile, où l'on voit des « fils de Dieu » mal identifiés prendre pour compagnes des filles des hommes, lesquelles engendraient des êtres pervers, les Nephilim. Si bien que Yahvé, désolé, décida de provoquer le déluge[8]. De même, pour les Grecs, la première femme, Pandora, avait été créée – après les hommes – au terme d'une longue histoire mettant notamment en scène Zeus, Prométhée, Héphaïstos et Hermès. Héphaïstos était chargé de la forme de la femme, à partir d'un bloc de glaise, et la forme serait belle. Mais Hermès, chargé, lui, d'animer cette forme, devait y introduire un esprit « de chienne » et un tempérament « de voleur ».

On n'aura garde d'oublier cet héritage. Or, comme il a été souvent souligné, « le Grec impose, le Juif propose ». Ou encore « Le Grec pose des affirmations, le Juif pose des questions », invite à la réflexion, à la recherche. Le Grec veut convaincre par un raisonnement logique, le Juif ouvre une voie que le lecteur peut explorer. Et Justin – retrouvons-le – se dit lui-même l'héritier des Grecs.

Ainsi, le départ est donné. Cependant, puisque Justin méprise les femmes et le corps, l'incarnation lui pose un problème. Il veut bien croire que Jésus est vraiment homme, mais... la chair étant méprisable tandis que Jésus est parfait en tout, une contradiction est évidente. Le fils de Dieu ne peut avoir une chair comparable à celle des autres hommes formés, dira le pape Innocent III, au XIIIe siècle, « de poussière, de boue, de cendre, et, ce qui est plus vil, de sperme très immonde ». Osons l'écrire, car Justin aura, a toujours, beaucoup de disciples : Jésus est pour lui un « homme-mais ». Dès lors, la Vierge Marie est certes le signe de l'Incarnation, mais cette femme est différente, à part.

On n'entend pas dire ici qu'une vierge n'est pas femme, bien sûr. Mais toute la tradition de l'Eglise va bientôt « spiritualiser » entièrement Marie, la désincarner.

Beaucoup d'autres, en effet, vont prendre le relais de Justin.

A commencer par Irénée : « De même qu'Eve ayant pour époux Adam, et cependant encore vierge [...] en désobéissant devint cause de mort pour elle-même et pour tout le genre humain, de même Marie, ayant pour époux celui qui lui avait été destiné par avance, et cependant vierge, devint cause de salut pour elle-même et pour tout le genre humain » (« Contre les Hérésies », **3**, 22, 4). L'idée de corédemption situant Marie au même niveau que Jésus est, ici encore, sous-jacente. Elle est accompagnée d'une autre affirmation : celle de la prédestination de Marie, jeune fille à qui l'on a destiné « par avance » un « époux » (voir *supra*, p. 33).

Enfin, une troisième idée est avancée : celle du péché que l'on appellera ensuite « originel », puisque Eve a été « cause de mort pour tout le genre humain ».

Irénée et ses pairs, il est vrai, n'avaient pas la tâche facile. Il n'existait pas alors une autorité unique et reconnue par toutes les communautés chrétiennes pour décider où était le Vrai, la seule vérité reconnue. Et ces grands intellectuels chrétiens, ceux que l'on appelle « les Pères de l'Eglise », devaient se battre sur plusieurs fronts à la fois. Ils se heurtaient, par exemple, aux docètes. Selon ceux-ci, le corps du Christ n'était que pure apparence (le terme grec *docesis* signifie apparence) : le fils de Dieu avait en quelque sorte revêtu un costume humain, s'était déguisé en homme. A ceux-là, il fallait affirmer qu'il ne s'agissait pas de faux-semblant mais de réalité, d'un homme véritable, dont la chair était semblable à la nôtre.

Bien d'autres, à l'inverse, n'admettaient évidemment pas que Jésus, homme, fût aussi Dieu.

Beaucoup enfin se posaient des questions très pratiques, sans cesse renaissantes. Du type : comment Marie est-elle restée vierge pendant l'accouchement, la sortie de l'enfant ? Un vrai problème qui sera longtemps discuté, parfois avec des précisions anatomiques assez scabreuses. A quoi un apocryphe datant de la fin du Ier siècle, « L'Ascension d'Isaïe », répondait en décrivant un accouchement surprenant (même pour Marie, qui ne devrait s'étonner de rien après que l'Ange lui eut parlé). Ce texte raconte en effet ceci :

« Tandis qu'ils étaient seuls [Joseph et Marie], Marie aperçut tout à coup un petit enfant et en fut stupéfaite. Et quand sa stupéfaction se fut dissipée, son sein était redevenu exactement identique à ce qu'il était avant qu'elle ne portât l'enfant[9]. »

Dans le même genre, un pseudo-Matthieu, datant du VIe siècle, reprendra, en le modifiant, le protévangile de Jacques. Cette fois, Marie est une religieuse, la vie monastique s'étant instituée entre-temps. Elle s'applique à la prière de « tierce à nonne ». Elle fait en sorte d'être « la première aux vigiles ». A en croire un tel texte, c'est Marie qui inventa la règle de saint Benoît, fondateur des Bénédictins quelques siècles plus tard. Mais la voilà enceinte, quoique vierge. On la confie alors au vieillard Joseph qui a déjà des enfants. Et l'auteur de ce texte, qui ne manque pas d'imagination, voit Jésus naître en compagnie d'anges et se dresser aussitôt pour se faire adorer de tous, y compris par le bœuf et l'âne (les voici donc, alors qu'ils étaient absents des Evangiles). Ce n'est pas tout : deux sages-femmes accourent bientôt pour confirmer que Marie est toujours vierge[10].

De tels textes, multiples et parfois inspirés des légendes païennes, révèlent des mentalités. Ils imprégnèrent longtemps les esprits. La statuaire des églises en témoigne souvent.

Revenons aux Pères de l'Eglise et aux intellectuels chrétiens du temps. Voici, après Irénée, Tertullien. C'est un Carthaginois converti qui confesse avoir beaucoup péché – le sexe, bien sûr – dans sa jeunesse. Désormais, il cherche « le mors de la discipline et les rigueurs de l'ascèse chrétienne ». Pour lui, « la femme est tentation, la tentation est femme ». Le mariage ne trouve pas grâce à ses yeux : « Mariage et fornication ne sont différents que parce que les lois semblent les différencier : mais ils ne sont pas intrinsèquement différents, si ce n'est dans leur degré d'illégitimité » (« Exhortation à la chasteté », **9**).

Ce fougueux personnage donne même aux femmes une étonnante recette de contre-maquillage : « Empruntez votre teint blanc à la frugalité, votre rouge à la pudeur, signez vos yeux de modestie, vos lèvres de silence [...]. Voilà les ornements qui rendront Dieu amoureux de vous. »

Tertullien, il est vrai, s'en prend alors à forte partie. L'adversaire préféré de ce lutteur se nomme en effet Marcion. C'est un fils d'évêque, né vers la fin du Ier siècle quelque part dans l'actuelle Turquie, au bord de la mer Noire, à Sinope. Il sait entraîner les foules et finira par fonder sa propre Eglise qui, notamment, récuse tout le fondement juif du christianisme. Pour Marcion comme pour les Grecs, le monde est mauvais, la matière est mauvaise, Jésus n'est pas réellement né d'une femme, il l'a « traversée » comme l'eau passe par un tuyau. Bref, Marcion ne croit pas en l'Incarnation. Tertullien, lui, y croit vraiment, bien davantage que beaucoup d'autres de cette époque. Il décrit donc avec un réalisme plus que cru ce qui se produit, à ce qu'il croit, dans le ventre d'une femme enceinte[11] et explique à Marcion que le Christ est d'autant plus grand qu'il est passé par là. Il remonte, lui aussi, jusqu'à Eve. Sur un thème déjà connu : Eve était vierge lorsque « s'était glissé en elle le verbe constructeur de mort, c'était donc dans une vierge que devait également s'introduire le Verbe divin constructeur de vie [...] "Mais, me dis-tu, Eve à ce moment-là n'a rien conçu en son sein par le verbe du diable !" Eh bien si, elle conçut ! [...] Elle enfanta un diable assassin de son frère [12] ».

Eve, vierge, a enfanté Caïn en perdant sa virginité. Marie, vierge, a enfanté Jésus.

Pourtant, là, Tertullien se distingue de bien d'autres. Puisqu'il croit dur comme fer en l'Incarnation, il en déduit que l'enfantement était tout à fait naturel : « Oui, elle est vierge : aux yeux de son mari ; non, elle n'est pas vierge, pour ce qui est de l'enfantement [...]. Celle qui a enfanté a enfanté, et si elle a conçu vierge, *elle est devenue femme par l'enfantement. Car elle est devenue femme nécessairement, puisque son corps a livré passage* [13]. »

Une position réaliste que l'Eglise n'a jamais vraiment suivie. Contre Tertullien, certains ont défendu la thèse de la « fermeture du sein » après le passage de l'enfant.

Ainsi, Ambroise de Milan, archevêque, un solide qui avait imposé une pénitence publique à l'empereur Théodose coupable d'un massacre. Il innova en déclarant que Marie était la patronne de l'Eglise [14], mais, à propos de l'accouchement, il lui appliqua la parole d'Ezéchiel (**44**, 2 ; qui évoquait la porte orientale, toujours fermée, du Temple) : « Cette porte restera fermée. » Il fit ainsi de la mère de Jésus une forteresse de virginité.

Ainsi encore, Origène, spécialiste de la Bible, vivant à Alexandrie au IIIe siècle, grand théologien qui finirait par avoir des difficultés avec les conciles [15]. Origène ne pensait pas que Marie fût sans péché (puisqu'elle avait dû être purifiée, comme les autres femmes, après la naissance de Jésus, dit l'Evangile de

Luc). Mais il défendit avec la même énergie l'idée qu'elle avait été vierge avant, pendant et après. Pour lui, qui s'était fait castrer à vingt ans, paraît-il, la virginité était libératrice, et la sexualité toujours confondue avec le mal...

Le problème de la virginité pendant l'accouchement n'allait pourtant pas cesser de susciter des débats. Ce que les catholiques doivent croire, selon les textes officiels, c'est que « la virginité de Marie est restée compatible avec sa maternité, car celle-ci n'a été liée à aucun moment à une activité sexuelle conjugale [16] ». Pour le reste, à chacun de se forger une opinion. De croire ou ne pas croire à un accouchement miraculeux, c'est-à-dire rapide et sans douleur. Sans déchirure également.

Le concile Vatican II, lors duquel les tensions autour de la théologie mariale furent particulièrement vives, ne s'est pas avancé, choisissant une sorte de langue de bois théologique pour parler, à propos de Marie, de « son Fils premier-né, qui n'a pas porté atteinte à son intégrité virginale, mais l'a consacrée [17] ». Il faut dire qu'auparavant, les théologiens s'étaient tellement affrontés sur le sujet de la « virginité pendant » que le Saint-Office les avait sommés en 1961 de mettre un terme à leurs débats, en raison d'une « déplorable crudité d'expression [18] ». Sans commentaires.

Intéressons-nous plutôt à ce qui se passe dans ces siècles où Justin, Ambroise, Origène et autres imposent peu à peu, à grands coups de polémiques, l'idée de la virginité perpétuelle [19].

L'exaltation de la virginité ne progressait pas seulement chez eux. Même dans la Rome païenne, elle inspirait un certain respect : il était interdit de mettre à mort une vierge ; si bien que le bourreau qui devait étrangler la fille de Sejan (un favori de l'empereur Tibère qui s'était retourné contre lui) commença par la violer...

Mais c'est surtout en Orient que l'on se mit à prôner la virginité.

Les idées gnostiques s'étaient répandues. Elles condamnaient comme méprisables, elles aussi, le corps et la matière. L'homme ne pouvait se sauver qu'en s'en libérant pour accéder ainsi à une connaissance suprême des choses divines (le grec *gnostichos* signifie « qui sait »). Les gnostiques, à l'instar de certains premiers chrétiens, n'acceptaient dans leurs communautés que des célibataires. Et, comme souvent quand deux camps s'affrontent, l'un est quelque peu contaminé par les thèses de l'autre. Au IIe siècle, de petits groupes de chrétiens, hommes et femmes, s'engageaient à renoncer au mariage, à toute relation sexuelle. D'autant qu'ils étaient persuadés que la fin du monde était proche : dès lors pourquoi faire des enfants ?

Il existait, certes, à l'inverse, des communautés comme celle de Corinthe, ravagée de tendances contraires : le libertinage coexistait avec l'ascèse, la rigidité avec la licence. Mais Clément de Rome, l'un des tout premiers papes (fin du Ier siècle), fut contraint de « morigéner la jactance des vierges, qui obscurcissait la qualité de leur témoignage ». Le père A. Hamman, spécialiste des Pères de l'Eglise, qui cite cette histoire, souligne que « rien n'est plus subtil que l'orgueil de la vertu ». Il indique : « La grande Eglise, à de rares exceptions près, reconnaît la légitimité du mariage et de la vie sexuelle, que pratique le grand nombre des fidèles. Majorité silencieuse, face à une minorité caqueteuse, qui voudrait transformer l'Eglise en monastère de vierges ou d'eunuques[20]. »

Il n'empêche : cette minorité, qui caqueta beaucoup, faillit l'emporter. Quelques responsables, comme Clément d'Alexandrie, mettaient certes en garde contre « la mystique dangereuse de la chasteté ». Mais le même écrivait : « Rien de disgracieux n'est propre à l'homme, qui est doué de raison ; cela est bien moins le cas de la femme, qui a même honte de réfléchir à sa propre nature[21]. »

Autrement dit, la recommandation, voire l'exaltation de la virginité, s'adressait d'abord aux femmes.

Tertullien, encore lui, leur écrivait ainsi, à sa manière, virulente : « Savez-vous que vous êtes chacune une Eve [...]. Vous êtes la porte d'entrée ouverte au diable [...]. Vous êtes les premiers déserteurs de la loi divine [...]. Vous avez si facilement détruit l'image de Dieu, l'homme[22]. »

C'est clair : l'homme est à l'image de Dieu, la femme est a priori coupable.

Un texte copte[23], annexé aux décisions du concile de Nicée (IVe siècle), donne une idée du climat qui régnait. Il explique qu'une « vierge sage ressemble à Marie », et décrit ainsi la vie de celle-ci : « Marie ne vit jamais le visage d'un homme étranger [...]. Elle mangea et dormit juste ce qu'il fallait pour rester en vie et se retira dans la maison de sa mère où elle s'installa, face à l'Est, et pria sans relâche, refusant de voir ses frères [...]. Quand elle mettait un vêtement, elle fermait les yeux [...]. Elle ne connaissait pas grand-chose de cette vie, car elle était demeurée loin de la compagnie des hommes[24]. »

Nous voici assez loin des quelques indications sur Marie données par les Evangiles. Mais ces textes montrent assez comment on a déshumanisé, désincarné celle-ci.

Dans ce style, il faut évidemment citer Jérôme, enfant gâté d'une riche famille, aux amours nombreuses et faciles jusqu'à la nuit de son baptême par le pape Libère, en 366.

Sa culture était prodigieuse. On l'appelait « l'homme trilingue » (*vir trilinguis*) en raison de sa parfaite connaissance du grec, du latin et de l'hébreu, qui lui permit entre autres de traduire, le premier, la Bible en latin.

Un certain Helvidius avait écrit que Marie, parfait modèle de virginité avant la naissance de Jésus, devint ensuite un parfait modèle d'amour conjugal et maternel. Jérôme, qui n'avait plus, à ce moment, que mépris pour les femmes – ou qui les craignait – mais vivait aux dépens d'une certaine Paola, riche matrone romaine, ne pouvait supporter une telle assertion. Il écrivit une lettre à Helvidius[25], texte dans lequel, pour faire bon poids, il décréta que Joseph était vierge également. Et voici pour les femmes : « Penses-tu, demande-t-il à Helvidius, qu'on puisse mettre sur un même rang celle qui se livre jour et nuit à la prière et au jeûne et celle qui, à l'arrivée de son mari, compose son visage, amollit sa démarche et donne de fausses caresses ? » Certes, admet-il, l'Eglise ne condamne pas le mariage mais « elle le subordonne ; elle ne le rejette pas, elle met à sa place, sachant... que les uns sont voués à l'honneur, les autres au mépris ».

« Tous ceux qui ne sont pas restés vierges en suivant le modèle de la pure chasteté des anges [Marie] et de notre Seigneur Jésus-Christ lui-même sont pollués », écrit encore Jérôme (ad Jovinianum, 23). Il n'est pas étonnant, dès lors, qu'Ambroise de Milan ait conclu, au IVe siècle, que Jésus, pour être « impeccable », ne pouvait être le fruit d'une union sexuelle. Ce qu'Augustin reprendrait à son compte. Jean-Paul II a, certes, déclaré le 14 avril 1982 qu'il n'existait pas d'infériorité du mariage. Et en 1954 il avait écrit que « l'instinct sexuel est un don de Dieu ». Il n'empêche : les écrits des Pères ont forgé des mentalités pour longtemps.

Notre époque survalorise à l'excès la sexualité ; ces hommes-là, à l'inverse, finirent par considérer comme mauvais, voire détestable, tout ce qui s'en approchait. Et l'on peut s'interroger : en faisant de celle-ci un tabou n'ont-ils pas poussé, sans le vouloir, à le transgresser ?

Jérôme avait écrit à la fille de Paola, Eustoche, une lettre[26] où il soulignait qu'une jeune femme peut perdre sa virginité rien qu'en pensée. Sur quoi, paraît-il, des amis de ladite Eustoche le menacèrent, lui, de le jeter dans le fleuve de Rome, le Tibre, s'il persistait à lui inculquer de telles idées[27]. Mais Eustoche écouta Jérôme, mourut à force de jeûnes, et fut déclarée sainte.

Jérôme était si obsédé qu'il expurgea de la Bible deux chapitres du livre d'Ezéchiel décrivant d'une manière trop détaillée à son gré des plaisirs sexuels[28].

On ne s'attarderait pas autant sur ses écrits s'il n'avait joué un rôle particulier dans la mise à l'écart des femmes et s'il n'avait inspiré la règle de n'admettre parmi les prêtres que des hommes vierges ou qui s'engageraient à s'abstenir de relations sexuelles[29]. Or, cet excessif était loin d'être seul. Plus tard,

Augustin regretterait l'existence d'Eve, la reprochant presque à Dieu : « Si c'était de compagnie et de bonne conversation dont Adam avait besoin, il aurait beaucoup mieux valu [...] qu'il y ait deux hommes ensemble, des amis par exemple, et non un homme et une femme[30]. »

Ceux qui l'ont précédé dans l'exaltation de la virginité mariale limitaient, comme lui, le rôle des femmes dans l'Eglise. Tertullien : « Il n'est pas permis à la femme de parler dans l'Eglise et plus davantage de baptiser, d'offrir, ni de revendiquer pour elle aucune part d'une fonction propre à l'homme, encore moins du ministère sacerdotal[31]. » Origène soulignait la différence entre prêtres et laïcs (inférieurs) et considérait que seuls des hommes pouvaient être prêtres[32].

Ainsi, alors que tout désignait Marie pour être l'image de la femme accomplie, ces hommes en ont fait « une femme contre les femmes ».

Mais voilà qui aurait dû inquiéter les promoteurs de la virginité perpétuelle de Marie : on ne peut plus nier aisément aujourd'hui qu'elle fut, au contraire, une mère de famille nombreuse.

6

Marie, mère de famille nombreuse

Que Marie ait été mère de famille nombreuse, voilà une affirmation qui ne pose plus de problème aux historiens, ni aux exégètes (même si tous ne l'avouent pas nettement). Mais elle heurte beaucoup, j'en ai recueilli maints témoignages, nombre de catholiques[1].

Relisons d'abord les textes du Nouveau Testament qui citent les frères et les sœurs de Jésus. Ils sont plus nombreux qu'on ne le croit d'ordinaire.

Quelques-uns évoquent clairement l'existence de cette fratrie :

— *Evangile de Marc*. Jésus, de retour dans son village, enseigne dans la synagogue de Nazareth, après avoir accompli plusieurs miracles. Ses compatriotes s'étonnent : « Celui-là n'est-il pas le charpentier, le fils de Marie, le frère de Jacques, de Joset, de Jude et de Simon ? Et ses sœurs ne sont-elles pas ici chez nous ? » (**6**, 3).

— *Evangile de Matthieu.* Le texte correspond au même épisode que chez Marc, la prédication à Nazareth et les réactions des villageois : « Celui-là n'est-il pas le fils du charpentier ? N'a-t-il pas pour mère la nommée Marie et pour frères Jacques, Joset, Simon et Jude ? Et ses sœurs ne sont-elles pas toutes chez nous ? » (**13**, 55-56).

— *Evangile de Marc*, encore. Jésus, ayant constitué le groupe de ses disciples, prêche. On lui dit : « Voilà que ta mère, et tes frères, et tes sœurs sont là, dehors, qui te cherchent » (**3**, 32). La même scène est racontée par Matthieu (**12**, 46-50) et Luc (**8**, 19-21).

— *Evangile de Jean*. La fête juive des Tentes approche, alors que Jésus prêche en Galilée. « Il n'avait pas pouvoir de circuler en Judée, parce que les Juifs cherchaient à le tuer [...]. Ses frères lui dirent donc : “Passe d'ici en Judée, que tes disciples aussi voient les œuvres que tu fais : on n'agit pas en secret quand on veut être en vue. Puisque tu fais ces choses-là, manifeste-toi au monde.” Pas même ses frères, en effet, ne croyaient en lui » (**7**, 1-3). Jésus leur explique alors qu'il ne peut le faire parce que son temps n'est pas encore venu. « Mais quand ses frères furent montés à la fête, alors, il monta lui aussi, pas au grand jour, mais en secret [2] » (**7**, 10).

— *Evangile de Jean*. Après le miracle de Cana, Jésus descend à Capharnaüm, « ainsi que sa mère et ses frères et ses disciples » (**2**, 12).

— *Actes des Apôtres* : après la résurrection et le départ de Jésus, ses fidèles se rassemblent dans la « chambre haute » où ils se tenaient habituellement et qui se situait, pense-t-on, sur la colline de Sion, à Jérusalem. L'auteur du texte, très probablement Luc, cite d'abord nommément chacun des apôtres présents (ils sont tous là, sauf Judas bien sûr), et il ajoute : « Tous d'un même cœur étaient assidus à la prière avec quelques femmes, dont Marie mère de Jésus et avec ses frères » (**1**, 14).

— *Première Lettre de Paul aux Corinthiens* (datant de 54 environ, donc guère éloignée de l'événement-Jésus). Paul recense les hommes (ignorant totalement les femmes citées par les Evangiles) qui ont bénéficié d'apparitions de Jésus ressuscité. Il commence par Céphas (Pierre) et les « Douze ». Et il ajoute : « Ensuite, il est apparu à plus de cinq cents frères à la fois [...], ensuite il est apparu à Jacques, puis à tous les apôtres » (**15**, 6-7). Il distingue donc Jacques de tous les autres. Auparavant, il a évoqué « les autres apôtres, et les frères du Seigneur, et Céphas » (**9**, 5).

— *Lettre de Paul aux Galates* : Il explique qu'après avoir été touché par la grâce sur le chemin de Damas, il est allé en Arabie, puis à Damas de nouveau. « Ensuite, je montai à Jérusalem rendre visite à Céphas et demeurai auprès de lui quinze jours : je n'ai pas vu d'autres apôtres, mais seulement Jacques, le frère du Seigneur » (**1**, 18-14).

D'autres textes du Nouveau Testament laissent supposer, sans l'affirmer tout à fait cependant, l'existence de relations conjugales entre Joseph et Marie, celle de frères et sœurs de Jésus ou au moins de l'un d'eux, ce Jacques que cite Paul :

— *Evangile de Luc* : « Elle enfanta de son fils premier-né » (**2**, 7).

— *Evangile de Matthieu* : après l'annonce par « L'Ange du Seigneur », Joseph prit Marie chez lui, « et il ne la connut pas jusqu'au jour où elle enfanta un fils » (**1**, 25).

— *Actes des Apôtres* : Pierre, évadé miraculeusement de prison, se présente à une assemblée, saisie de « stupeur » à sa vue ; il raconte le miracle et ajoute : « Annoncez-le à Jacques et aux frères » (**12**, 10).

Ce Jacques ainsi évoqué joue un rôle de premier plan dans l'Eglise naissante. On le constate lors du premier « concile » de Jérusalem (**15**, 13-21). Dans un autre passage, où le récit utilise la première personne du pluriel, « nous », comme si Luc était témoin oculaire, il est précisé que les assemblées importantes se tenaient « chez Jacques, où tous les anciens se réunirent » (**21**, 18).

Un autre texte, capital, se réfère au même Jacques. Il émane du Juif Flavius Josèphe qui, emprisonné à Rome, écrivit une histoire de la Palestine connue sous le nom d'« Antiquités juives ». Au chapitre V de son récit, il évoque le grand prêtre Anân qui avait reçu cette charge lors d'une vacance du pouvoir romain : un procurateur (nommé Festus) était mort et son remplaçant n'était pas encore arrivé en Palestine. Voici ce que raconte Flavius Josèphe :

« Anân, croyant bénéficier d'une occasion favorable entre la mort de Festus et l'arrivée d'Albinus, réunit un Sanhédrin et y traduisit Jacques, frère de Jésus appelé le Christ, et certains autres, en les accusant d'avoir transgressé le Loi et les fit lapider. Mais tous ceux des habitants de la ville qui étaient les plus modérés et observaient strictement la Loi en furent irrités [...], déjà auparavant il s'était conduit injustement. »

Cette triste affaire, parmi d'autres, causa en fin de compte la perte d'Anân lui-même : quelques mois plus tard, le roi de Galilée, Agrippa II, lui enleva « le grand pontificat » pour le confier d'ailleurs à un autre Jésus, « fils de Damnaios ».

D'autres textes d'origine chrétienne, mais qui ne sont pas inclus dans le Nouveau Testament, évoquent « Jacques le frère du Seigneur » :

— Eusèbe de Césarée, un Père de l'Eglise, initiateur de l'histoire ecclésiastique, genre littéraire alors tout nouveau, cite le texte d'un chrétien nommé Hégésippe, Juif converti. Celui-ci avait écrit des mémoires vers le milieu du IIe siècle : « Le frère du Seigneur, Jacques, reçut l'Eglise avec les apôtres. Depuis les temps du Seigneur jusqu'à nous, tous l'appellent le Juste, puisque beaucoup portaient le nom de Jacques. Cet homme fut sanctifié dès le sein de sa mère » (« Histoire ecclésiastique », **2**, 23).

— L'Evangile selon Thomas, assez proche des textes de Matthieu, Luc et Jean[3], comporte ce verset : « Les disciples dirent à Jésus : "Nous savons que tu nous quitteras. Qui deviendra le plus grand parmi nous ?" Jésus leur dit : "Où que vous soyez allés, vous irez vers Jacques le Juste, pour qui ont été faits le ciel et la terre." »

— L'Evangile du pseudo-Matthieu, très inspiré par le protévangile de Jacques, commence par cette affirmation : « Moi, Jacques, fils de Joseph le charpentier, vivant dans la crainte de Dieu, j'ai écrit tout ce que de mes propres yeux j'ai vu s'accomplir au temps de la nativité de Sainte Marie et de celle du Sauveur[4]. » L'auteur, selon les exégètes, fait ainsi parler Jacques dit « le frère du Seigneur », ou « Jacques le Juste ».

Celui-ci est cité dans bien d'autres apocryphes[5].

Les textes, donc, ne manquent pas. Or, l'Eglise a beaucoup célébré des personnages qui, selon le Nouveau Testament et la Tradition, ont tenu une moindre place que Jacques, si l'on ne s'arrête qu'à celui-ci. Son rôle a été longtemps gommé, alors que des spécialistes éminents comme Raymond Brown (qui ne croit pas en l'existence de frères et sœurs de Jésus) reconnaissent qu'il fut le « chef de l'Eglise de Jérusalem » et « pas l'un des Douze » (car on a voulu le confondre, nous y reviendrons, avec l'un de ceux-ci[6]).

Voici quelques décennies, des hommes comme Jean Daniélou avaient déjà souligné que « le parti de Jacques et l'Eglise judéo-chrétienne de Jérusalem [avaient exercé] l'influence dominante durant les premières décades de l'Eglise[7] ».

Que s'est-il passé pour que les « frères et sœurs », et notamment Jacques, soient ignorés ?

Jusqu'au IIIe siècle, cette question ne faisait guère débat. Les textes rappelés ci-dessus le montrent. Mais voilà qu'en 380, à Rome, Helvidius, déjà cité, sema l'émoi dans quelques milieux locaux qui préconisaient l'ascèse, la virginité (voir *supra*, p. 77). Helvidius, qui louait pourtant Marie, vierge jusqu'à la naissance de Jésus, avait eu le tort d'ajouter qu'elle était devenue ensuite une « mère de famille admirable ». Son texte, court, laissait entendre que la virginité n'est pas supérieure à la maternité, que Marie ne constitue donc pas seulement un modèle pour les célibataires mais pour toutes les mères.

Quelque dix ans plus tard, un moine nommé Jovinien reprit, autrement, le même thème. Qu'une femme soit vierge, mariée ou épouse, écrivit-il, c'est sa sainteté qui importe[8].

Jovinien fut condamné par le concile de Rome (396). Mais il avait attiré l'attention de Jérôme, ce grand obsédé de la continence. Lequel publia un traité, *Contre Helvidius*, où il indiquait que les « frères et sœurs » de Jésus n'étaient en réalité que des cousins et des cousines, fils et filles d'une autre Marie, Marie de Clopas. A la même époque, un évêque de Solamine (Chypre), nommé Epiphane, s'appuyant sur le protévangile de Jacques, expliqua, lui, qu'ils étaient des demi-frères issus d'un premier mariage du vieux Joseph devenu veuf.

Nous nous trouvons donc en présence de trois théories. Aux conciles de Constantinople (553) et de Latran (649), l'Eglise catholique a choisi celle de Jérôme. Elle n'a pas tenu compte, à la différence des Eglises orthodoxes, de celle d'Epiphane.

Alors ?

Opérons d'abord un tri parmi les textes cités au début de ce chapitre.

Celui de Luc qui parle de Jésus comme d'un « premier-né » n'est pas tout à fait probant. D'autant qu'on a trouvé en Egypte une stèle datant de cette époque où il est question d'une certaine Arsinoé, morte « dans les douleurs de l'enfantement de son premier-né ».

De même, le texte de Matthieu expliquant que Joseph ne « connut pas » Marie « jusqu'au jour où elle enfanta un fils » n'implique pas qu'il la « connut » ensuite. On ne retiendra donc pas ces deux versets, bien que leur intérêt soit évident.

Entrons maintenant dans le débat.

Une objection habituelle, maintes fois entendue, est que le mot « frère », dans bien des civilisations et jusqu'à nos jours, est compris au sens large pour désigner des compagnons chaleureux, des amis, des frères par l'esprit ou le cœur et non par la chair. Cette objection mérite d'autant plus attention que Paul, lorsqu'il évoque les apparitions de Jésus ressuscité, parle, on l'a vu, de « cinq cents frères » qui n'étaient évidemment pas des fils de Marie.

A quoi l'on répondra par la phrase de Jean : « Même ses frères ne croyaient pas en lui. » Les hommes que Jean met en scène dans cet épisode ne sont évidemment pas des amis ou des « frères par l'esprit » puisqu'ils s'opposent à Jésus.

De même, lorsque les évangélistes racontent le retour à Nazareth de Jésus dont les propos suscitent l'étonnement et l'ironie des villageois : ceux-ci parlent de sa mère Marie et évoquent aussitôt ses frères qu'ils nomment, et ses sœurs dont les noms sont comme par hasard oubliés... Il s'agit donc de proches depuis l'enfance, pas de disciples. Tout comme, dans les Actes des Apôtres, les frères sont associés à Marie (et non comptés parmi les apôtres) lorsqu'ils prient dans la « chambre haute ». En outre, ils sont nommés à part des disciples quand Jésus rentre à Capharnaüm après Cana.

Enfin, quand l'historien juif Flavius Josèphe évoque la lapidation de « Jacques, frère de Jésus », il n'entend évidemment pas parler d'un disciple lointain. D'autant que ce Jacques joue à ce moment un rôle capital dans la communauté de Jérusalem. Hégésippe, cité ci-dessus, écrit même : « A lui seul il était permis d'entrer dans le sanctuaire [...]. On le trouvait à genoux demandant pardon pour le peuple, si bien que ses genoux s'étaient durcis comme ceux d'un chameau. » Or, entrer dans le sanctuaire, seul, au jour du Kippour, était réservé au seul grand prêtre. Si certains considéraient Jacques comme un grand prêtre, on comprend qu'Anân ait fait tuer ce rival après l'avoir fait condamner, tout à fait légalement, comme un blasphémateur. Ce fait montre aussi que Jacques entendait rester dans le cadre du judaïsme. Ce qui est confirmé par le texte des Actes des Apôtres (**15**) rapportant les débats du premier concile de Jérusalem. Jacques, président de cette communauté, accepte qu'on admette « ceux des païens qui se convertissent à Dieu » mais à condition qu'ils respectent les règles et les usages des Juifs. Plus tard (Actes **21**, 21-28), il s'inquiète de l'enseignement de Paul sur le respect dû à la loi juive et l'envoie au Temple – où il se fera arrêter – pour prouver son attachement à celle-ci.

Comment auraient évolué les premières communautés si Jacques n'avait pas été lapidé ? Il n'existe évidemment pas de réponse à cette question. Mais ces faits permettent d'éclairer les dissensions entre Jésus et sa famille, auxquelles font clairement allusion tous les évangélistes.

Ce qui permet de conclure pour l'instant que le mot « frère » ne désigne pas des disciples, des compagnons, mais des proches, très proches.

Réponse des partisans de la thèse de la virginité perpétuelle : il peut s'agir de cousins. On entre ici dans un problème de langage assez complexe. Tentons de l'exposer clairement.

Il n'existe pas de mot propre, en hébreu, pour dire « cousin ». L'hébreu utilise donc le mot *'ah* (« frère ») pour dire cousin, voire neveu ou oncle. Ce qui est le cas dans plusieurs récits de la Genèse et dans deux ou trois autres passages de l'Ancien Testament. Cependant, dans chacun de ces passages, l'auteur s'arrange pour préciser qu'il ne s'agit pas de véritables frères mais du fils de X ou Y. Ainsi quand Abraham et Lot sont dits frères (Genèse **14**, 14), il a été précisé que Lot était « fils du frère d'Abraham », donc son neveu [9] (Genèse **14**, 12).

Cette objection m'a été opposée, à propos d'un chapitre de mon livre *Jésus*, dans un texte très polémique du père Pierre Grelot, exégète, diffusé largement par l'épiscopat français [10], texte qui cite, lui, non l'hébreu mais l'araméen. Le père Grelot évoque le *Livre de Tobit*, roman populaire considéré comme un des joyaux de la littérature juive et que l'on trouve dans l'Ancien Testament. Ce texte date, semble-t-il, des environs de l'an 200 avant Jésus-Christ. L'original araméen en a été perdu et l'on dispose de deux versions grecques écrites à peu près à la même époque. Dans l'un, Tobit est appelé cousin (*anepsios*, en grec) et dans l'autre frère (*adelphos*, en grec). Et la « fille » du cousin de Tobit, qui va être donnée en mariage à son fils Tobie, est appelée « sœur » à plusieurs reprises, y compris par le jeune marié ! Evidemment, il y a là beaucoup de confusion et de multiples sens donnés à un seul mot. D'où Pierre Grelot conclut que l'on pouvait dire frère pour cousin. Mais justement, comme dans le cas d'Abraham et de Lot, si l'on a pu déceler ces contradictions dans le *Livre de Tobit*, c'est que le contexte le permettait.

Il n'existe rien de tel dans les textes évangéliques ou ceux de Paul. D'autant plus que Paul écrivait, en grec, des lettres qui étaient de son fait et qui ne reprenaient en aucune manière un texte antérieur, araméen ou hébreu. D'ailleurs, quand il évoque « Jacques, frère du Seigneur », c'est en s'adressant aux Galates qui utilisaient couramment le grec [11].

Bref, comme l'écrivit le père dominicain François Refoulé, éminent bibliste, il n'y a aucune raison de supposer que, lorsque Paul écrivait aux Galates en parlant du frère de Jésus, ceux-ci auraient compris « cousin [12] ». Or, quand Paul parle de Jacques, il écrit bien *adelphos*, et quand il évoque un cousin de son ami Barnabé, il écrit *anepsios*.

De même, Luc, qui dans les Actes des Apôtres évoque les frères de Jésus « assidus à la prière » avec les apôtres et aux côtés de Marie, emploie le mot *adelphos*. Or, selon Pierre Grelot lui-même, Luc « connaît bien le grec et il n'est même pas sûr qu'il ait compris l'araméen et l'hébreu [13] ». De la même manière, l'auteur final, vers l'année 100, de l'Evangile signé Jean [14], était imprégné de culture grecque, s'adressait à un public de même culture. Il utilise le mot *adelphoi* (pluriel d'*adelphos*) pour parler des frères de Jésus. L'argument d'un texte primitif araméen ou hébreu ne peut donc être retenu.

Enfin, Flavius Josèphe, qui utilise *adelphos* pour parler de Jacques, ne méconnaît pas le mot *anepsios*. Au contraire. On le trouve souvent dans son livre. Il ne faut donc pas torturer les textes. Les évangélistes savaient ce qu'ils faisaient en écrivant *adelphos*. Paul et Flavius Josèphe aussi.

Quittons maintenant ces problèmes, complexes, de linguistique, pour évoquer une scène pathétique et capitale, celle de la crucifixion. Elle est souvent citée, en effet, par ceux qui refusent de croire en l'existence des frères et des sœurs de Jésus. Ils se réfèrent à l'Evangile de Jean, selon lequel Jésus, sur la Croix, aurait confié sa mère au « disciple qu'il aimait », lequel, dit le texte, « la prit chez lui », ou, selon d'autres traductions, « l'accueillit comme sienne » (Jean, **19**, 27). Une très émouvante scène qui a inspiré de nombreux artistes et de riches méditations. Question inévitable et logique : si Jésus avait eu tant de frères et sœurs, pourquoi aurait-il dû confier sa mère à quelqu'un d'autre ?

Il se trouve que seul Jean raconte cette scène. Pour les trois autres évangélistes, Marie n'était pas au pied de la Croix, et les femmes qui avaient suivi Jésus jusqu'au Golgotha se tenaient à distance. Ce qui est conforme à la pratique de l'époque : les légionnaires de Pilate ne pouvaient évidemment laisser s'approcher familles, amis ou curieux jusqu'au lieu précis du supplice [15]. Cet épisode a donc été discuté, l'est encore, dans de multiples colloques, livres, articles de revues spécialisées.

Il n'est pas possible de retenir ici toutes les interprétations envisagées. Retenons ce qu'écrit le père jésuite Xavier Léon-Dufour, auteur d'une *Lecture de l'Evangile selon Jean*, qui fait autorité [16]. Pour lui, ce récit de Jean « se présente comme le pendant du récit hautement symbolique de Cana » car « la mère de Jésus n'apparaît qu'en ces deux scènes de l'Evangile, au début et à la fin du ministère de l'Envoyé » [17]. Or, à propos de Cana, Xavier Léon-Dufour avait écrit [18] : « La conclusion s'impose, le récit de Cana n'est pas de type biographique. » Cette fois, il n'écrit pas aussi clairement que ce passage du récit de la crucifixion n'est pas historique. Mais dans les pages, très denses et très fouillées, qu'il lui consacre, il ne s'attache – comme bien d'autres auteurs – qu'au symbole [19], c'est-à-dire à la représentation d'un sens difficile à exprimer autrement.

Je le traduirais, ce symbole, comme un passage de relais, mais un relais qui s'enrichirait en passant d'une main à l'autre... Quand Jésus, du haut de la Croix, dit « femme », c'est Israël qu'il faut voir, Israël qui attend le salut de Dieu. Le disciple, lui, est « au-delà de l'attente ». Il a reçu, par Jésus, la révélation de ce qu'est Dieu et de Sa volonté. Le père Xavier Léon-Dufour écrit : « La scène illustre magnifiquement le rapport de ce qu'on appelle les deux Testaments, lesquels ne sont pour le chrétien qu'un seul et même Testament. Les disciples de Jésus doivent maintenir fermement leur relation avec Israël en l'accueillant, c'est-à-dire en s'en inspirant sans cesse [...]. Comme à Cana, Marie représente Israël[20]. »

Nous voilà bien loin de l'idée suivant laquelle Marie, après la mort de Jésus, s'en alla vivre dans la maison du « disciple que Jésus aimait ».

Tous les spécialistes, certes, ne donnent pas de cette scène la même interprétation. Mais aux yeux de la plupart, et de plus en plus, il paraît clair que Marie n'assistait pas à la crucifixion. Même si elle se trouvait là, dans l'émotion et la souffrance que l'on devine, il n'est pas possible de tirer argument de ce dialogue d'abord symbolique, et dont on ne trouve aucune suite concrète ni aucune autre trace ailleurs, pour nier l'existence de frères et sœurs de Jésus. Au contraire, selon les versets déjà cités des Actes des Apôtres, les frères, après la crucifixion, accompagnaient Marie dans la « maison haute ». Ils ne l'avaient donc pas laissée seule et obligée de chercher refuge chez Jean.

Il faut enfin examiner une autre objection, qui nous ramène aux thèses de Jérôme. Celui-ci revient sur le passage de l'Epître aux Galates où Paul, étant allé à Jérusalem, explique qu'il a rencontré Céphas (Pierre), ajoutant : « Je n'ai pas vu d'autre apôtre, mais seulement Jacques, le frère du Seigneur. » Interprétation de Jérôme : Paul n'a pas vu d'autre apôtre *à l'exception* de Jacques. Pour lui, ce Jacques « frère du Seigneur » est donc un apôtre. Or, deux apôtres portaient ce prénom, d'usage très courant. D'abord Jacques, fils du patron-pêcheur Zebédée, qui avait un frère prénommé Jean. Et puis un autre Jacques, identifié comme « fils d'Alphée » (Matthieu **10**, 2), dont les Evangiles parlent peu.

Celui qui a rencontré Paul ne peut être le premier puisque ce fils de Zebédée fut assassiné sur l'ordre de Caligula avant le « concile » de Jérusalem (où le Jacques qui fait problème a joué un rôle de premier plan). C'est donc Jacques, fils d'Alphée, qu'a rencontré Paul, toujours selon Jérôme. Lequel nous ramène au récit de la crucifixion.

Dans l'Evangile signé Jean (**19**, 25), les femmes présentes sont la mère de Jésus (Marie, donc) « et la sœur de sa mère, Marie femme de Clopas, et Marie de Magdala » (Marie-Madeleine). Problème : la sœur de la mère de Jésus est-elle Marie femme de Clopas ou une autre qui n'est pas nommée, et dont aucun texte, d'ailleurs, ne parle ? Autrement dit, sont-elles trois ou quatre ? On répond généralement trois.

Laissons cette question et consultons les autres Evangiles. Matthieu cite trois femmes : Marie-Madeleine, « Marie, mère de Jacques et de Joseph », et la mère des fils de Zebédée, dont nous venons d'évoquer le sort.

Luc, lui, ne nomme pas les femmes présentes.

Marc, enfin, donne trois noms (**15**, 40) : Marie-Madeleine, Salomé et « Marie, mère de Jacques le Petit et de Joset ».

Précisons au passage que Joset et Joseph sont deux formes du même prénom et que « Jacques le Petit » est aussi appelé « le mineur ».

Pour Jérôme, c'est à peu près simple : ce « Jacques le petit » et ce Joset nommés par Marc et Matthieu sont deux des quatre « frères » de Jésus cités en d'autres passages des Evangiles. Et leur mère n'est pas la mère de Jésus, sinon Marc et Matthieu l'auraient évidemment spécifié. En effet, on ne peut imaginer qu'ils aient omis de souligner que la mère de Jésus était présente, qu'ils l'aient seulement identifiée comme la mère de Jacques et Joset. Cherchons donc, avec Jérôme, qui est la mère de ceux-ci. Si l'on met en parallèle les noms donnés par Marc et Matthieu d'une part, par Jean de l'autre, une seule femme se trouve dans les trois listes, « la sœur de sa mère [de Jésus] » : Marie de Clopas. Donc, conclut Jérôme, cette Marie de Clopas, sœur de notre Marie, est la tante de Jésus. Ses fils Jacques et Joset sont ses cousins.

Jérôme eut par la suite des doutes. Toute cette affaire est exposée en détail et avec une rare probité dans le livre de Pierre-Antoine Bernheim, *Jacques, frère de Jésus*[21], que je suis ici et qui fait mention de ces hésitations. Mais celles-ci n'entamèrent pas le crédit que l'on donna, et que l'on donne, à la thèse de Jérôme.

Or, cette thèse souffre de diverses faiblesses :

1) L'apôtre Jacques le Petit est appelé à plusieurs reprises (par exemple dans l'Evangile de Marc **3**, 18)

« Jacques fils d'Alphée ». L'Evangile de Jean, lui, parle d'une Marie, « femme de Clopas ».

Il faudrait donc supposer que Clopas et Alphée sont une seule et même personne. Jérôme d'ailleurs ne l'a pas affirmé jusqu'au bout. Avec quelque raison. Mais nombre de ses successeurs l'ont fait[22].

2) On ne voit pas pourquoi Marc aurait appelé « Jacques le petit » au moment de la crucifixion celui qu'il appelait « le fils d'Alphée » auparavant. Notamment lorsque Jésus recruta ses apôtres. D'autant que, dans cette dernière scène (**3**, 18), il était d'une grande précision sur leurs identités. Le *Dictionnaire des noms propres de la Bible*[23], comme la Bible de Jérusalem, indiquent d'ailleurs, mais avec des précautions de langage, qu'on ne doit pas confondre les deux personnages.

3) Rien ne prouve que les Jacques le Petit et Joset mentionnés dans la scène de la crucifixion sont les mêmes que le Jacques et le Joset qui apparaissent dans les scènes où les habitants de Nazareth, surpris par les paroles et les actes de Jésus, le comparent avec ses frères dont ils donnent les prénoms (voir *supra*, p. 80). Car la liste des prénoms « disponibles » à l'époque était limitée. Il y avait ainsi beaucoup de Jacques que l'on différenciait par le nom de leur père.

4) Paul, qui a écrit avant Marc, n'a pas utilisé, pour parler de Jacques, le qualificatif de « Petit ». D'ailleurs, la scène de la crucifixion exceptée, ce terme n'est utilisé nulle part dans le Nouveau Testament.

Bref, comme l'écrit P.A. Bernheim, la théorie de Jérôme « repose sur tellement d'hypothèses improbables que ses chances d'être vraie ne sont guère supérieures à zéro[24] ».

Reste à savoir pourquoi – prenant le contre-pied des Evangiles – l'Eglise s'est attachée au long des siècles à affirmer que Jésus n'avait pas de frères ni de sœurs.

Le soupçon jeté sur la sexualité, confondue avec le péché, explique certes que l'on ait voulu croire en la virginité perpétuelle de Marie. Mais, pour les premiers siècles, d'autres hypothèses peuvent être avancées.

Il fallait peut-être éviter que la famille de Jésus, après son départ, prétende diriger l'Eglise naissante, affiche en quelque sorte des prétentions dynastiques. Ce qui a pu être le cas. Eusèbe de Césarée, premier historien de l'Eglise, citant Hégésippe (voir *supra*, p. 84), raconte en effet qu'après la mort de « Jacques le Juste », le frère de Jésus donc, fut choisi pour lui succéder un certain Syméon, fils d'un Clopas : « Tous le préférèrent comme deuxième évêque, parce qu'il était cousin du Seigneur[25]. » Selon le même Eusèbe, deux petits-fils de Jude, frère de Jésus, semblent avoir joué un rôle important dans l'Eglise lors du règne de l'empereur Domitien, vers la fin du Ier siècle[26]. Enfin, les Actes des Apôtres ne citent pas seulement Jacques mais, on l'a vu, un groupe de « frères du Seigneur » revenus vers les apôtres, avec Marie, après la résurrection. Paul également dans sa première Lettre aux Corinthiens (**9**, 5).

Ce que raconte Paul, justement, est très significatif. Lorsqu'il se rend pour la première fois à Jérusalem, après sa conversion sur le chemin de Damas, il rencontre Pierre et Jacques « le frère du Seigneur » qui est déjà une figure importante de l'Eglise naissante. Mais lorsqu'il y retourne douze ans plus tard, l'autorité de ce Jacques est si grande qu'il inspire crainte à Pierre lui-même (Ep. aux Galates **2**, 11 sqq). Ce que montrent aussi les Actes des Apôtres (**12**, 17 et **15**, 13-21). Etienne Trocmé, professeur émérite du Nouveau Testament à Strasbourg, n'hésite pas à écrire, parlant de Jacques : « A partir de 44 de notre ère, celui qui n'était encore qu'un personnage respecté devint le pape de l'Eglise de Jérusalem et, du même coup, de l'Eglise Universelle[27]. » Il est donc possible qu'après la lapidation de Jacques une réaction se soit dessinée, peu à peu, contre les prétentions de la famille à diriger les premières communautés chrétiennes. Ce qui expliquerait en partie les passages des Evangiles de Marc (voir *supra*, p. 81) où Jésus rabroue sa famille selon la chair, refuse de la voir et explique que sa mère et ses frères sont d'abord ceux qui font la volonté de Dieu (**3**, 35). Un propos qui laisse entendre que sa famille, justement, n'est pas dans ce cas. Marc, qui écrit après la mort de Jacques, perd rarement une occasion de souligner l'incompréhension de la famille de Jésus à l'égard de celui-ci : « Les siens [...] disaient : "Il a perdu le sens[28]." » (**3**, 21).

On peut donc penser que cette querelle de succession à la tête de l'Eglise a joué un rôle dans la mise « hors mémoire » des frères et sœurs de Jésus. Mais, du même coup, cette mise « hors mémoire » a totalement transformé, aux yeux des fidèles, la personnalité de Marie. France Quéré, théologienne protestante, qui croyait en la conception virginale, s'insurgeait : ce n'est pas parce que Marie était vierge à la naissance de Jésus qu'elle dut le demeurer toujours, « comme si en elle se confondaient virginité et féminité, virginité et maternité ! On ne sait par quel biais, mais cette insolite propriété, que de fois ensuite l'a-t-on retournée contre les femmes, pour leur faire remontrance d'être femmes naturellement, donc coupablement[29] ! ».

Qui croit que Jésus, vrai Dieu, était en même temps vrai Homme, ne doit pas craindre d'admettre qu'il ait vécu dans une vraie famille, où le père et la mère avaient de vraies relations, et dont les enfants étaient nombreux, comme c'était alors la règle.

Qui croit en l'Incarnation ne peut, au contraire, que s'en réjouir.

7

Marie de Nazareth

Que tu es belle, ma compagne, que tu es belle !
Tes yeux sont des colombes !

Nous ne pouvons imaginer Marie que belle, comme la jeune femme du Cantique des cantiques, cité ici. Brune, bien sûr, aux cheveux bouclés, grappes de raisin noir autour d'un sourire. Et jeune, si jeune. Presque une enfant quand elle est unie à Joseph[1]. Presque une enfant, donc, quand elle est enceinte.

Comme toute jeune mère, elle est troublée par cette chair de sa chair qui s'épanouit en elle (en ce que le « Je vous salue Marie » appelle médiocrement, presque avec mépris, « entrailles »).

Comme toute jeune mère, elle fut bouleversée lorsque l'enfant s'est affirmé, la première fois, par un léger mouvement. Ensuite, le soir, allongée, elle est restée à l'affût, guettant les messages qu'il lui adressait à coups de talons ou de petits poings. Elle a remarqué qu'il attendait son moment. Qu'il préférait qu'elle soit au calme. Bien sûr, les premières fois, surprise, elle en a parlé à sa mère. Et à Joseph. Elle a hésité : lui demanderait-elle de poser la main sur son ventre pour qu'il partage sa joie, soit témoin des premiers signes de cette vie nouvelle ? Pour qu'il puisse, peut-être, comme elle, tenter de saisir, tendre, délicat, le bout d'un pied.

Elle s'est interrogée aussi. Dès les premières semaines, dès les premiers malaises, dès les premières certitudes. Qui serait-il, celui qui commençait d'être homme en elle ?

A en croire Luc, l'ange Gabriel lui a annoncé un Fils de Dieu. Un terme assez habituel dans les Ecritures hébraïques, qui peut aussi bien désigner un ange qu'un roi d'Israël ou toute personne appartenant d'une certaine manière à Dieu. Or, Gabriel lui a parlé en hébreu ou en araméen. Pas en grec où le mot *huios*, pour un fils, a un sens plus précis, non figuré, physique[2]. Marie peut donc s'interroger.

Elle s'interroge même après la naissance. Qui est-il vraiment, ce beau bébé qui lui prend le sein, qui se nourrit de sa vie ? Qui est-il ce petit garçon qui trébuche, hésitant, maladroit, sur la terre battue de la petite maison, puis ce gamin qui court d'une ruelle à l'autre avec la marmaille du village ?

Elle peut s'interroger. Luc lui-même le confirme qui a pourtant décrit la naissance comme une fête, avec ciel d'aurore boréale et chorale céleste. Quand il écrit qu'elle « gardait tous ces événements dans son cœur » (**2**, 51), il veut dire, selon Roland Meynet, professeur de théologie biblique à l'Université grégorienne de Rome et linguiste, « qu'elle les méditait, qu'elle y réfléchissait »[3]. Dans la Bible, souligne cet exégète, le « cœur » n'est pas d'abord le siège des sentiments, mais l'organe de l'intelligence, de la mémoire. Le mot « événements », lui, que ce soit en hébreu (*dabar*) ou en grec (*rhemata*, au pluriel), peut être traduit aussi par « paroles ». Donc, elle réfléchissait, si l'on suit l'Evangile de Luc, aussi bien aux circonstances de la naissance qu'à la visite au Temple...

L'épisode, que nous avons déjà évoqué, est connu. Alors que Jésus entre dans l'adolescence – douze ans –, ses parents l'emmènent en pèlerinage pascal à Jérusalem. Voilà qu'il disparaît. Quand ils le retrouvent, il est assis parmi les érudits du lieu, « leur posant des questions ; et tous l'écoutaient avec étonnement, émerveillés de la sagesse de ses réponses[4] » (Luc **2**, 41-46). Il est vrai qu'un autre épisode, également situé au Temple, contredit celui-ci. Jésus, cette fois, est dans la force de l'âge. Il a, vers sa trentième année, commencé à prêcher. Jusqu'à Jérusalem où il est monté, selon Jean, pour la fête des Tentes[5]. Et lorsqu'il enseigne, ses auditeurs, surpris, s'interrogent : « Comment connaît-il les lettres sans avoir étudié ? » (Jean **7**, 15). A quoi il répond que sa doctrine n'est pas de lui mais de Celui qui l'a envoyé. Bref, qu'il est inspiré. Il lui arrivera aussi de dire que « seul le Père » est informé de certaines réalités.

Quoi qu'il en soit de ces apparentes contradictions, on peut penser que Jésus a bénéficié – comme son frère Jacques à en juger par le rôle de celui-ci dans la première communauté de Jérusalem (voir *supra*, p. 87) – d'une solide éducation religieuse. Même si toutes ses citations des Ecritures rapportées par les évangélistes ne sont pas de son fait, même si certaines lui ont été prêtées a posteriori, elles sont si nombreuses, et son assurance à les commenter est telle, que sa connaissance des textes est évidente. Si bien que ses concitoyens de Nazareth, les gamins et les gamines qui ont couru avec lui – plus jeunes – à travers les maisons et les ruelles de ce tout petit village en sont stupéfaits lorsqu'il va prêcher dans leur synagogue. Ils se demandent comment ce « charpentier, fils de charpentier » peut se montrer si savant (Marc **6**, 2, et Matthieu **13**, 53-58).

D'où tirait-il ses connaissances ? Quelques-uns, aujourd'hui, supposent qu'il était passé entre-temps chez les Esséniens. Mais rien ne l'atteste. Il paraît plus probable que Jésus, s'il a entendu comme d'autres gamins de Nazareth les leçons données à la synagogue, ait reçu surtout l'enseignement de ses parents.

Sa famille était juive dans une région dont la population se trouvait mêlée à de nombreux païens. Des Phéniciens, des Syriens, des Arabes et des Grecs s'étaient installés là pour cultiver la terre et surtout faire commerce. Les olives de la région étaient très prisées et leur huile exportée aux quatre coins de la Méditerranée à destination des Juifs déjà dispersés, lesquels étaient assurés ainsi de la consommer pure, c'est-à-dire non souillée par des mains non juives, impures. Les olives de Nazareth étaient pressées dans une ville nouvelle, toute proche, Séphoris, un centre commercial, culturel et administratif dont – curieusement – les Evangiles ne font guère mention[6]. La reconstruction et le développement de Séphoris avaient contribué à l'afflux d'immigrés.

La Galilée constituait donc un petit monde particulier, méprisé par les Judéens, les gens de Jérusalem notamment. Ceux-ci se moquaient même de l'accent des Galiléens. Les plus célèbres rabbins de cette Galilée eux-mêmes étaient considérés par les Judéens comme des ignorants, peu informés des subtilités doctrinales et des pratiques de la Torah.

Dans ce monde cosmopolite, la famille de Marie et Joseph, comme toutes celles de sa race et de sa religion, se raidissait donc dans le respect des rites et des coutumes pour marquer sa différence avec le voisinage, sa fidélité à l'Eternel.

Les enfants, à partir de cinq ou six ans, fréquentent l'école de la synagogue où l'on apprend à la fois lecture, géographie, histoire et même calcul en consultant les rouleaux de la Torah (les cinq premiers Livres de la Bible). C'est là, aussi, que Jésus apprend à utiliser la parabole, manière de répondre à une question ou une contradiction sans prendre de front son interlocuteur.

Jésus adulte, tel que le montrent les Evangiles, nous informe ainsi sur Jésus enfant et son entourage. Si l'on suit cette piste, on peut penser que Marie, s'interrogeant à propos de ce fils premier-né, constatait qu'il n'était pas « comme les autres », comme les gamins de Nazareth. Plus réfléchi, certes : la suite le montrera assez. Ce qui ne signifie pas triste. Les Evangiles le décrivent prenant plaisir à se retrouver à table avec des amis. Et joyeux même quand il jeûnait. « Dans ce cas, disait-il, ne vous donnez pas un air sombre comme le font les hypocrites » (Matthieu **6**, 16). C'est ensuite que les clercs, les ouvrages de piété, et à leur suite les sculpteurs et les peintres, ont donné un visage lugubre à celui qui annonçait la Bonne Nouvelle[7]. Jésus riait parce que l'on riait dans sa famille, parce que Marie – à qui clercs, livres de piété et imagiers divers infligèrent par la suite la même image – souriait et riait aussi.

Il ne faut pas l'imaginer comme une recluse et une soumise. Son mariage avait certes été « arrangé » comme tous ceux de son époque et de son pays. De même les textes législatifs lui accordaient peu de droits. Mais ils étaient anciens et il existait avec eux des accommodements, surtout en Galilée. On pourrait en citer de nombreux exemples. D'abord, ceux que montrent les débats entre les rabbins de l'époque : ainsi, un certain Eliezer prétendait « qu'apprendre la Torah à sa fille est comme lui apprendre le libertinage ». Mais un autre, Rabbi ben Azzaz, répliquait que l'on devait tout de même l'enseigner.

Là encore, les Evangiles nous en apprennent beaucoup. D'abord que des femmes suivaient Jésus dans ses pérégrinations, notamment l'épouse de l'intendant d'Hérode, et aidaient « de leurs biens » sa petite troupe à survivre. Elles étaient donc libres.

Au contraire, on a souvent cité le chapitre 15 (versets 19-51) du Livre de la Bible appelé Lévitique pour affirmer que les femmes étaient quasiment enfermées : selon ce texte, elles étaient « impures » pendant leurs règles, sept jours après celles-ci, et de nouveau si elles souffraient à quelque moment que ce soit d'un écoulement de sang. En outre, elles rendaient alors impur tout objet qu'elles touchaient, objet qui répandait ensuite l'impureté par contagion.

Or, Jésus guérit une femme souffrant d'hémorragies depuis douze ans (Marc **5**, 25-34 et Luc **8**, 43-48), donc tout à fait « impure », qui traverse la foule pour le rencontrer, sans que son passage paraisse poser de problème à quiconque. De même, lorsqu'il dîne chez un pharisien (Luc **7**, 37-50), une femme pécheresse (donc « impure » également) pénètre chez son hôte sans que celui-ci l'interdise. Il se révolte seulement quand elle touche Jésus pour oindre ses pieds de parfum.

Bref, les femmes ne sont pas vraiment traitées en enfants ou esclaves. Celles de la Bible sont portées au pinacle. Sauf Eve, bien sûr. Adam a écouté Eve et mal lui en a pris ; Abraham a écouté Sara, et bien lui en a pris [8]. Il est vrai que leur langue est trop bien pendue : « Dix parts de bavardage ont été données au monde ; la femme en a pris neuf. » Mais elles sont les reines du foyer : « Tout l'honneur d'une fille de roi, c'est à l'intérieur. » Sont donc mal considérées celles qui sortent beaucoup. Sauf pour aller puiser l'eau, comme la Samaritaine que rencontre Jésus.

Les voisines de Marie sont des femmes de paysans, de petits propriétaires qui, le plus souvent, travaillent en même temps comme salariés en compagnie d'esclaves (peu nombreux) dans quelques grands domaines [9]. Ces paysans sont écrasés par la fiscalité : par les Romains, les prêtres qui réclament la dîme (le dixième des récoltes), le Temple qui demande chaque année « les premiers fruits » et le « premier-né » de chaque troupeau. Luc, l'évangéliste dont les préoccupations sociales sont les plus évidentes, évoque même la dîme de la menthe, du fenouil, du jasmin et « de toute plante potagère » (**11**, 42). Il n'est guère surprenant que ces gens finissent par se révolter. Ce qui arriva, quand Jésus avait une dizaine d'années, à l'instigation d'un Pharisien nommé Saddoh ou Zadok, et d'un certain Judas (qui n'avait rien à voir avec le plus célèbre, l'Iscariote).

Ces paysans exploités étaient pourtant considérés : « Le plus beau travail est le travail de la terre ; quoi qu'il soit moins profitable, il doit être préféré à tout autre », disait le Talmud. Mais, comme l'indique le même texte, les artisans gagnaient davantage. Joseph, on l'a vu (*supra*, p. 38), était un petit notable. Bien des rabbins étaient également artisans : à cette époque, Hillel était bûcheron, Rabbi Yehouda, boulanger, Rabbi Yohanon, cordonnier, et ainsi de suite. Joseph, et Jésus quand il grandit, puis Jacques, fabriquaient « des poutres à équarrir pour le soutien des terrasses qui couronnaient les maisons, des jougs, des flèches d'attelage et d'aiguillon pour les cultivateurs, des lits, des portes, des huches, des pétrins pour les ménagères et des coffrets garde-notes pour les écrivains, les rabbins et les commerçants [10] ».

Les maisons étaient bâties de briques de boue, basses et sans confort, surmontées de toits en terrasse faits de branchages tressés, posés sur les poutres et recouverts d'argile. Les nuits chaudes, on y accédait par une échelle ou un escalier extérieur pour dormir ou prendre les repas. L'intérieur était le royaume de Marie. C'est là qu'elle filait et tissait laine et lin sur un métier rudimentaire, c'est là qu'elle fabriquait ou raccommodait les vêtements. Les hommes portaient une tunique, sorte de robe serrée à la taille par une ceinture. Les plus riches se revêtaient « de pourpre et de lin fin » (Luc **16**, 19), mais Jésus a connu les vêtements raccommodés : « Personne ne rajoute une pièce de drap non foulé à un vieux vêtement ; car le morceau rapporté tire sur le vêtement et la déchirure s'aggrave [11] » (Matthieu **9**, 16).

C'est aussi dans la maison que Marie prépare le

pain. Une tâche essentielle. Il faut d'abord moudre le grain, l'écraser dans un moulin primitif formé de deux pierres superposées dont on manœuvrait la plus haute. Puis mélanger le levain à trois mesures de farine et, la pâte levée, la mettre à cuire. Enfin, balayer, balayer sans cesse le sol de terre, comme la ménagère qui cherche partout la piécette d'argent qui a roulé en quelque coin (Luc **15**, 8).

Ainsi est, jour après jour, Marie. Marie aux mains blessées par le travail, racornies, les ongles cassés. Telle qu'on ne la représente jamais. Marie, qui devra tisser le linceul de Joseph à sa mort, avec l'aide de ses voisines. La maison s'emplira des voisins venus la consoler, comme plus tard ceux de Lazare (Jean **11**, 31). Des joueurs de flûte accompagneront le défunt jusqu'au tombeau, d'autres entonneront des chants funèbres (Matthieu **9**, 23 et **11**, 16). Elle suivra, avec sa famille. Ses enfants réciteront le kaddish, à l'origine une prière dite en araméen par les orphelins, qui commence par l'invocation « Que soit grandi et sanctifié le nom du Maître dans le monde qu'il a créé selon sa volonté. Et qu'il fasse régner son règne en votre vie et dans vos jours [12]... » Une prière qui a beaucoup inspiré le « Notre-Père » que Jésus enseigna ensuite à ses disciples.

Ses relations avec Marie se transformèrent quand il commença, justement, à rassembler des disciples et à prêcher. Il nous faut, à présent, évoquer cette question difficile.

Commençons par l'épisode de Cana, qui est raconté par le seul Jean. Jésus réside alors à Capharnaüm, petit port de pêche. Mais, à l'occasion d'un mariage, il se rend dans ce bourg à flanc de coteau avec ses premiers compagnons et Marie. La réalité de l'épisode est discutable[13]. Mais son sens, ses sens plutôt, car ils sont multiples, méritent considération. Comme on le sait, les paysans réunis par les noces ne s'étaient pas privés de boire, et le vin manquait. Marie le signale à Jésus. Lequel ne se hâte pas d'agir : « Que me veux-tu, femme ? Mon heure n'est pas encore arrivée » (**2**, 4). Une interprétation possible, voire probable, de cette réponse, est que la femme en question représente en réalité Israël[14]. Comme lors de la crucifixion, dans l'Evangile de Jean également (voir *supra*, p. 92). Mais on peut faire d'autres remarques. Le terme de « femme », en effet, n'est pas l'appellation normale d'un fils envers sa mère. D'ailleurs, Jésus l'utilise pour s'adresser à d'autres femmes, qu'il ne connaît guère, ou qui lui sont proches : par exemple au moment où, ressuscité, il trouve Marie-Madeleine en pleurs près du tombeau vide, il l'appelle également « femme » avant de lui dire « Marie » quand il s'aperçoit qu'elle le prend pour un jardinier (Jean **20**, 15-16).

Ce n'est donc pas un terme de mépris. Cela signifie – et c'est important bien sûr – que le lien qui l'unit à Marie passe désormais au second plan. Il est autre. Jésus a pris toute sa dimension. Il n'est plus le fils. Et elle l'accepte. Elle dit aux serviteurs qui traînent par là : « Faites ce qu'il vous dira. » Il ne lui appartient plus. Elle lui donne naissance à nouveau. Autrement[15]. Elle sait qu'il doit accomplir sa mission et recommande qu'on l'écoute, qu'on suive ses instructions.

Par la suite, pourtant, leurs relations vont se brouiller. Il y a de quoi, certes. Jésus ne se comporte pas comme les autres, comme aucun des rabbins qui parcourent alors les routes de Galilée, et dont les familles sont fières. Non seulement parce que les foules les suivent. Mais parce que ces rabbins sont des exemples de respect de la Loi. Lui, au contraire, touche un lépreux, un « intouchable » (Marc **1**, 45), puis, on l'a vu, une femme qui perd son sang. Il remet les péchés d'un paralytique, privilège réservé aux clercs (Marc **2**, 15). Il va dîner avec des pêcheurs chez un collecteur d'impôts, donc un collaborateur (Marc **2**, 14-17). Quand on lui reproche de ne pas faire jeûner ses disciples, il traite ses interlocuteurs de « vieilles outres » (Marc **2**, 22), autrement dit de « vieilles peaux ».

Il affirme sans broncher que « le sabbat est fait pour l'homme et non l'homme pour le sabbat », autrement dit, il renverse la Loi. Et, pour faire bonne mesure, il parle au bord d'un puits avec une Samaritaine – une impure s'il en est, une ennemie jurée de tout Juif, de surcroît femme de mœurs légères – à qui il demande à boire. Nombre de ses premiers admirateurs finissent d'ailleurs par le quitter, furieux : « Ce langage-là est trop fort ! Qui peut l'écouter ? »

N'en rajoutons pas, cela suffit. Mais tentons d'imaginer – nous pouvons seulement imaginer – l'étonnement et le trouble de Marie. Cette jeune femme pieuse a été élevée dans le respect de la Loi, elle a certainement éduqué ses enfants suivant les mêmes règles. On peut en juger par l'attitude de Jacques, le deuxième fils (voir *supra*, p. 88). Et si l'on suit l'Evangile de Luc, on ne voit pas que Gabriel ait annoncé à Marie qu'elle accoucherait d'un révolutionnaire. A supposer que certaines attitudes de Jésus, adolescent puis jeune adulte, l'aient surprise, elle ne pouvait imaginer qu'il aille jusque-là. Ni les frères et sœurs. Ni la parentèle. Ni les bonnes gens de Nazareth qui devaient beaucoup jaser (Marc **6**, Matthieu **13**, 52). Car tout se savait et se répétait. Jésus lui-même, prudent, avait recommandé au lépreux intouchable de ne pas crier sur les toits ce qu'il avait fait. Et l'autre, joyeux bien sûr, l'avait au contraire raconté partout. Si bien que Jésus, souligne Marc (**2**, 45), « ne pouvait plus entrer ouvertement dans une ville mais se tenait dehors dans des lieux déserts ». Où des foules venaient à lui.

Donc, il devient un sujet de discorde. Dans ce petit monde galiléen s'affrontent des « pour » et des « contre », des « pro » et des « anti ».

Dans la famille aussi peut-être. Où certains doivent regretter que Joseph ne soit plus là pour mettre bon ordre à cette affaire. Marie, bien sûr, est extraordinaire à sa manière, les dépasse tous. Mais aux yeux de ces jeunes hommes, ses fils, elle n'est malgré tout qu'une femme. Alors, « les siens » (Marc **3**, 21) – Marie est-elle avec eux ? – s'en vont à Capharnaüm pour se saisir de lui. Il faut l'empêcher d'aller trop loin, de se ridiculiser, et de les ridiculiser. C'est même un devoir familial puisqu'il « a perdu le sens », puisqu'il est désaxé, possédé du démon, comme l'assurent les bons prêtres du lieu.

En fin de compte, ils n'y tiennent plus. C'est leur devoir, pensent-ils, de le ramener à la maison avant que toute cette affaire finisse mal. Les voilà partis de nouveau, Marie, les frères, les sœurs, pour la maison où les foules l'entourent pour l'écouter – sans doute encore à Capharnaüm. Pas moyen d'approcher. Ils lui font passer un message : il doit savoir qu'ils sont là et veulent lui parler. Mais justement il parle, lui, il annonce la Bonne Nouvelle à ceux qui sont « assis en rond autour de lui ». Désolé, il a mieux à faire qu'à s'expliquer avec ses costauds de frères qui seraient bien capables de l'emmener. Il ne les renie pas, mais il a des priorités. Alors, il prononce la phrase terrible : « Qui est ma mère ? Et mes frères ? » Puis l'autre, qui explique : « Quiconque fait la volonté de Dieu, celui-là m'est un frère et une sœur et une mère. »

Cette phrase-ci a beau expliquer, justifier, cette phrase-là, elle, ne guérit pas la blessure. Car de ce « qui est ma mère ? », Marie va garder au cœur une plaie ouverte. Longtemps sans doute. Même si elle accepte et, acceptant, donne naissance à son enfant une fois de plus. Renonce à le posséder, à avoir prise sur lui. Aucune prise. Même la plus légère, la plus aimante. Si elle a lu les Ecritures, elle connaît ce verset de la Genèse (**2**, 24) où « l'homme quitte son père et sa mère pour s'attacher à sa femme ». Pour s'attacher à sa mission.

Alors, elle passe davantage à l'arrière-plan. Les Evangiles ne parlent plus d'elle. Sauf Jean dans le récit de la Passion. Si l'on place dans un ordre chronologique – pure hypothèse car rien, dans les textes, ne permet de le faire – les épisodes de la vie de Jésus où apparaît Marie, on trouve un cheminement logique, qui est à la gloire de celle-ci : la naissance – Cana où elle l'envoie en mission (« faites ce qu'il vous dira ») – et cette vaine tentative de le ramener à Nazareth : elle reconnaît que sa mission l'écarte d'elle, son enfant n'est plus le sien, il est à tous. Mais elle a toutes les raisons de craindre pour lui, de s'alarmer, de souffrir pour lui et par lui : « Il n'avait pas le pouvoir de circuler en Judée parce que les Juifs cherchaient à le tuer » (Jean **7**, 1).

Le tuer. Son fils.

Or, ses autres enfants vont presque l'envoyer à la mort. Lui en faire courir le risque en tout cas. Les frères de Jésus n'ont pas perdu tout contact avec lui : la Galilée est un tout petit territoire. A la veille de la fête des Tentes (voir *supra*, p. 101), ils le mettent au défi parce qu'ils ne croient pas en lui (Jean **7**, 3-8). Qu'il aille donc montrer à Jérusalem ce qu'il sait faire ! A Jérusalem, selon Jean, il est déjà allé. Il a guéri un infirme près d'une piscine appelée Bethesda. Il a aussi chassé les marchands du Temple. Pas de quoi se faire des amis, bien sûr. Et ses frères ne peuvent l'ignorer. Jésus non plus. Il leur répond donc, plutôt raide, qu'il n'est pas, comme eux, compromis avec ce monde-là, dont il souligne la corruption[16].

Il est possible d'ajouter une autre explication à l'attitude de ses frères : ils voient en lui, quand même, un faiseur de miracles qui guérit les malades. Ce qui n'est pas une mauvaise affaire pour la famille et peut même se révéler bon pour les commandes nécessaires à ces artisans : « Puisque tu fais ces œuvres, manifeste-toi » aussi en Judée.

Deux mondes se font ainsi face. Mais les relations ne sont pas coupées.

Jésus, d'ailleurs, finira par aller à Jérusalem, en secret d'abord, un peu plus tard. Peut-être parce qu'à travers la demande-défi de ses frères il a discerné, à la réflexion, un appel du Père. Lequel est ainsi : il choisit parfois, pour se faire entendre, des interprètes inattendus. La Bible en fournit maints exemples.

L'évangéliste Jean – le seul à citer de nouveau Marie au moment crucial, la mort de Jésus – n'évoque pas du tout sa présence lors de cette discussion (dispute ?) entre ses fils[17]. Mais elle ne peut l'ignorer. Et elle en souffre à coup sûr. Une fois encore. Avant d'atteindre au paroxysme la souffrance, au moment de la Passion.

Qu'elle ait été ou non présente au pied de la Croix, c'est son petit qui meurt. La chair de sa chair. Humilié, torturé. Son premier-né. Celui qui l'avait troublée d'abord, avant même de lui arrondir la taille, qui lui cernait les yeux, lui avait donné envie de vomir au petit matin, pour lequel elle avait craint dès ses premiers mouvements, à l'avenir duquel elle avait rêvé. Celui qui l'avait émerveillée ensuite. Qu'elle ne comprenait pas tout à fait. Mais elle l'acceptait, l'admirait, le défendait contre les commères, les médisants, les injurieux et les imbéciles. Qui en avaient eu raison, en fin de compte. L'avaient assassiné.

« O Mère, fontaine d'amour, faites-moi sentir la violence de vos douleurs afin que je pleure avec vous », dit un cantique presque oublié, le « Stabat mater ».

Et puis, l'incroyable, même pour elle, le stupéfiant, le renversant. Au sens propre. Car c'est le monde à l'envers. Ce mort, ce cadavre, haché de plaies, n'est pas mort. Il est vivant ! Aucun mot ne peut dire ce bonheur.

Comment a-t-elle reçu cette nouvelle, nous ne le savons pas. Les évangélistes, décidément peu prolixes quand il s'agit d'elle, n'en disent rien. Luc seulement, dans les Actes des Apôtres (voir *supra*, p. 81), la montre en compagnie des frères, et des apôtres, après la Résurrection. Les frères ont donc compris. Ou ils commencent à comprendre, à se rallier. Ensemble, ils prient.

Voilà la famille réunie. Tout ce que Marie a cherché, a vécu au long de sa vie, tout ce qu'elle a médité s'est ordonné de merveilleuse manière. Le bonheur.

DEUXIÈME PARTIE

MARIE APRÈS

8

Disputes dans une cathédrale... et ailleurs

Nestorius, outré, n'en pouvait plus. Ce patriarche de Constantinople avait invité à prêcher dans sa cathédrale une célébrité de l'époque (le début du ve siècle) : le secrétaire de son prédécesseur, un certain Proclus, dont les sermons, bien longs, avaient le don d'enthousiasmer les foules. Ce jour-là, Proclus avait choisi de parler de Marie. En termes enflammés comme d'ordinaire. Elle est « le seul pont entre Dieu et les hommes », expliqua-t-il. Et, après avoir célébré toutes ses qualités, il conclut ainsi : « Voici la description exacte de la Théotokos, Sainte Marie. »

Alors, les fidèles effarés assistèrent à un spectacle rare : le patriarche bondit de son siège épiscopal pour aller houspiller le prédicateur. Un mot avait mis le comble à sa colère : *Théotokos*. Un mot qui allait provoquer l'une des plus graves crises de l'Eglise des premiers siècles.

Théotokos est habituellement traduit par « mère de Dieu [1] ». Une expression qui ne surprend guère les catholiques d'aujourd'hui puisqu'ils la répètent chaque fois qu'ils disent l'Ave Maria, le « Je vous salue Marie ».

Le mot, le prêtre Proclus ne l'avait pas inventé, ni appliqué le premier à Marie. Mais le moment était peut-être mal choisi. Nestorius, violent, expliqua que l'orateur exagérait, qu'il parlait presque comme les païens adorant une déesse, mère des dieux, et que si Marie méritait toutes les louanges comme mère de Jésus – *Christotokos* –, on ne pouvait la dire mère de Dieu.

Il ne s'agissait pas d'une affaire mineure. Tout au long des premiers siècles, en effet, les controverses s'étaient multipliées. Arius, un prêtre d'Alexandrie, très populaire, avait contesté, vers 320, la divinité de Jésus. Pour lui et pour ceux qui répandaient sa doctrine (par des poèmes et des chansons notamment), Dieu n'avait « pas toujours été un père ». Il insistait volontiers : « Jadis Dieu était seul [...] mais par la suite il devint Père. » Autrement dit, le fils de Dieu était une créature. Très particulière, certes : les Ariens s'adressaient au Christ, comme l'écrit l'historien Jaroslav Pelikan, « d'une manière qui lui concédait quelque divinité spéciale [2] ». Spéciale seulement.

Arius et les siens n'étaient pas seuls à s'interroger sur la vraie nature de Jésus. Les docètes, on le sait (voir *supra*, p. 70), assuraient que le corps du Christ n'était qu'apparence, une sorte de costume que le fils de Dieu aurait revêtu pour se déguiser en homme.

C'était toujours le débat sur l'Incarnation : Jésus était-il à la fois vrai Dieu et vrai homme ? Sa chair était-elle semblable à la nôtre ? Dans un monde imprégné de la culture grecque de l'époque, c'était inadmissible [3].

Cette affirmation l'était aussi pour les Juifs religieux : à leurs yeux, Dieu est proche de son peuple, il a scellé alliance avec lui et il lui parle par les prophètes, mais, transcendant, il est « ailleurs ».

L'Incarnation, elle, mêle Dieu aux hommes. Elle fait l'originalité absolue du christianisme[4]. Il est donc compréhensible que cette croyance n'ait pas été acceptée aisément, et qu'elle ne le soit pas vraiment pour bien des esprits, catholiques compris, aujourd'hui encore.

En 324, Constantin venait d'étendre sa domination sur tout l'Empire romain en annexant les provinces orientales. Favorable au christianisme, sinon déjà converti, il constata que le désordre régnait entre les Eglises : Arius avait déjà été condamné par son évêque, mais ses partisans et ses adversaires se disputaient. Pas seulement à Alexandrie : en Palestine et en Asie Mineure aussi. L'empereur jugeait que « cette affaire ne méritait pas tant de discussion » (!), mais ce désordre l'irritait. Peut-être poussé par ses conseillers, il décida de convoquer tous les évêques – une manière, aussi, de mettre la main sur l'Eglise. Il utilisa pour cette convocation les services de la poste impériale ; il ouvrit et présida lui-même le concile réuni à Nicée, près de Nicomédie, sa résidence.

Arius fut excommunié, ainsi que les évêques qui avaient refusé le texte final. Celui-ci édictait le Credo que les fidèles connaissent encore : le Christ y est qualifié de vrai Dieu, engendré non pas créé, consubstantiel au Père[5].

Constantin, heureux d'en avoir terminé – du moins le croyait-il car un concile ne clôt pas un débat –, offrit pour finir un somptueux banquet aux pères conciliaires, un festin tel que certains, à en croire l'évêque Eusèbe de Césarée, se demandèrent « s'ils n'étaient pas déjà dans le royaume des cieux[6] ». Ce qui peut paraître une vision agréable mais limitée du Royaume... L'histoire des conciles est parfois surprenante. Nous allons le vérifier à nouveau.

Retrouvons en effet le patriarche Nestorius et le prédicateur Proclus. Dans leur querelle au sujet du mot *Théotokos*, ce n'est pas directement Marie qui est en cause, c'est l'Incarnation. Pour Nestorius, Jésus est à la fois homme et Dieu, *mais* en deux personnes. Ce qu'il illustre par une comparaison étonnante : lorsque Jésus, selon l'Evangile, marche sur les eaux, c'est un miracle seulement en ce qui concerne son corps, « car si Dieu marche sur les eaux, cela n'a rien d'extraordinaire[7] ». Comme le fit remarquer plus tard un évêque d'Antioche, Sévère, qui ne manquait pas de bon sens, ce qui était extraordinaire, c'était d'imaginer Dieu marchant[8]...

Voilà donc Nestorius prenant Proclus à partie, lui expliquant que Dieu est resté Dieu, qu'il est seulement entré dans la peau d'un homme, Jésus, que Dieu lui-même n'a pas été « porté dans le sein, allaité, langé ». Conséquence : Marie ne pouvait être appelée « mère de Dieu ».

A ce moment entre en scène un autre personnage, complexe, Cyrille. Il est évêque d'Alexandrie, vieille cité chrétienne qui ne voit pas d'un bon œil les tentatives de Constantinople pour s'imposer comme centre de la chrétienté. C'est un littéraire et un théologien qui fut honoré du titre rare de docteur de l'Eglise, un ancien moine aussi. La première partie de son épiscopat avait été marquée par la lutte contre les Juifs (qui furent expulsés de la ville) et les païens[9]. Ensuite, il s'adonna à la composition de nombreux ouvrages de théologie et d'études bibliques. Voilà qu'il entend parler des troubles dans la cathédrale de Nestorius. Constantinople est de l'autre côté de la mer, mais on circule déjà beaucoup sur la Méditerranée à cette époque, et Cyrille ne manque pas d'amis à Constantinople (« d'agents », disent ses adversaires). Il adresse à Nestorius une lettre plutôt vive. A laquelle celui-ci répond encore plus vertement. En fin de compte, Cyrille l'accuse de semer « parmi les peuples le ferment d'une hérésie inouïe et étrange[10] ». Il demande à l'évêque de Rome, le pape Célestin, d'arbitrer le débat, mais celui-ci, embarrassé, confie le dossier à l'un de ses proches et finit par laisser à Cyrille le soin de régler cette affaire (Nestorius était intervenu de son côté, mais sans convaincre).

Entre-temps, le débat est devenu général. Tout le monde s'en mêle. Passons sur les détails. L'empereur Théodore II, excédé par ces querelles de clercs, décide de convoquer un concile. Lequel va se tenir à Ephèse (où, selon la légende, Marie aurait achevé sa vie terrestre).

Les évêques se mettent en route, des quatre coins de la Méditerranée. Les partisans égyptiens de Cyrille arrivent parmi les premiers. Ceux de Nestorius ont du retard. Et brusquement, le 21 juin 431, Cyrille, qui n'en a pas le pouvoir, décide que le concile s'ouvrira dès le lendemain.

L'histoire de cette réunion ne peut être ici contée tout entière. Elle fut entachée d'irrégularités, touchant au scandale[11].

Nestorius, pas très combatif, fut excommunié et

remplacé par... Proclus. Cyrille, triomphant, prononça un discours enthousiaste : « Salut Marie, Mère de Dieu, majestueux trésor commun au monde entier, lampe inextinguible, couronne de virginité, sceptre de l'orthodoxie, temple indissoluble, demeure de Celui-Qui-Est-Sans-Limites, Mère et Vierge [...] par qui les anges et les archanges se réjouissent et les démons sont mis en fuite [...] et par qui les créatures déchues sont reçues aux cieux [12]. »

Ce texte est remarquable puisque l'on y trouve résumées, rassemblées, presque toutes les facettes du culte marial : Mère de Dieu, Marie est la vierge par excellence, la protectrice de la foi véritable, celle qui a vaincu le diable, et l'avocate enfin des malheureux pécheurs au tribunal de Dieu.

On peut évidemment s'interroger sur la régularité juridique, « canonique » en termes ecclésiastiques, d'un concile émaillé de coups de force. Mais il est vrai qu'en 433 les évêques orientaux finirent par se rallier à Cyrille au prix de quelques concessions de sa part [13]. Et qu'auparavant déjà, la délégation romaine, arrivée après les débats, avait ratifié sa position.

Reste que l'on ne peut parler de « dogme d'Ephèse ». Car aucune « définition dogmatique [14] » n'a formellement été donnée par ce concile [15]. De même, « l'hérésie » de Nestorius, lequel avait consenti à sa déposition par esprit de conciliation, ne fut pas formellement condamnée [16].

Ce qui s'est passé à Ephèse est pourtant fondamental.

Pour deux raisons.

La première, c'est la ratification progressive des décisions de ce concile par ceux qui le suivirent.

D'abord, en 451, à Chalcédoine, ville du Bosphore qui fait face à Byzance : on y célébra la « très sainte mémoire » de Cyrille et (après avoir réaffirmé le Credo de Nicée) on reprit le mot *Théotokos*[17]. Un siècle plus tard, à Constantinople, en 553, un nouveau concile se référa à la « même foi qui animait les deux cents saints pères réunis à Ephèse » et reprit l'appellation de *Théotokos*, mais en l'attribuant au concile de Chalcédoine[18]. Enfin, toujours à Constantinople, en 680, un autre concile ratifia la position des « deux cents hommes divins rassemblés à Ephèse contre le judaïsant Nestorius ». On notera que les évêques d'Ephèse sont passés, d'un concile à l'autre, du statut de « saints » à celui de « divins », mais surtout que Nestorius est qualifié de judaïsant. Ce qui était alors le cas de tous les hommes déclarés « hérétiques ». L'antisémitisme s'était répandu, et Cyrille n'y était pas étranger[19].

Une seconde raison doit être relevée pour souligner l'importance d'Ephèse. Tous les conciles dont il est ici question visaient d'abord à défendre l'Incarnation, l'humanité de Jésus, vrai Dieu. Mais puisque Marie en avait été l'instrument, il était normal que son rôle fût souligné. Il le fut tellement que l'on peut dater d'Ephèse le grand développement du culte marial.

Il existait, certes, auparavant en Orient : quelques historiens rapportent même que la décision d'Ephèse fut accueillie avec enthousiasme par une foule qui accompagna Cyrille et ses affidés, à la sortie de la réunion, en levant des torches et criant « que la Théotokos soit bénie, longue vie à Cyrille ! ». On peut douter de l'ampleur de cet enthousiasme puisque c'est Cyrille lui-même qui a raconté la scène dans une lettre. Mais on doit parler d'une véritable explosion de la dévotion mariale ensuite, même si elle fut d'abord plus évidente à l'est qu'à l'ouest.

Avant Ephèse, on avait pu noter une exception : la fixation de la fête de Noël au 25 décembre, qui correspond à la fête antique du soleil[20]. Cette décision, qui concernait aussi Marie bien sûr, fut prise à Rome en 326 et s'est répandue, tout au long de ce IVe siècle, jusqu'à Constantinople et Antioche.

Les autres fêtes mariales, en revanche, partirent de l'Orient. A commencer par l'Annonciation fêtée le 25 mars, soit neuf mois avant Noël, en toute logique. Vint ensuite la plus célèbre, l'Assomption (à propos de ce dogme, voir *infra*, p. 153). Après Ephèse, on avait pris coutume de célébrer le 15 août la fête de la Théotokos. Mais divers textes étaient diffusés, selon lesquels Marie n'avait pas subi la mort : le corps qui avait porté Jésus ne pouvait pourrir. On la disait donc endormie (ou ressuscitée) avant d'être élevée au ciel. La fête de l'Assomption se substitua donc à celle de la Théotokos. Un décret de l'empereur byzantin Maurice l'étendit, vers l'an 600, à tout le territoire qu'il contrôlait.

Jusque après Charlemagne, Rome n'a pas connu d'autres fêtes de la Vierge. En Orient, c'était une autre affaire. Le protévangile de Jacques, qui joua, on le sait, un tel rôle dans l'histoire du culte marial, était devenu une sorte de best-seller. Au VIe siècle se répandit donc la fête de la naissance de Marie, le 8 septembre (peut-être liée, selon certaines sources, au début de l'année liturgique byzantine, le 1er du même mois). Très logiquement, au VIIIe siècle, fut célébrée le 8 décembre la conception de Marie[21]. L'Orient l'avait fixée au 9, l'Occident la transféra au 8. Mais pas immédiatement. Les papes résistaient à cette prolifération de fêtes. Jusqu'au jour où Rome ne fut plus dans Rome, mais à Avignon au XIIIe siècle. Le pas ayant été franchi, la conception de Marie devint fête chômée, enrichie d'indulgences diverses.

Les célébrations, ensuite, allaient se multiplier. Jusqu'à atteindre un rythme mensuel, l'Occident rivalisant désormais avec l'Orient, les ordres religieux avec les ordres religieux, chacun trouvant dans la dévotion mariale un terrain propice, des occasions de surenchérir[22].

La multiplication des fêtes s'accompagna de celle des images, des représentations de Marie. Jusqu'à la proclamation de la Théotokos, elles étaient assez rares. Et Marie était peinte sur le côté, mère joyeuse d'un petit enfant, participant à l'action sans en être le centre. A Rome, elle figurait le plus souvent parmi des femmes en prière, ou dans la scène de l'adoration des mages. Mais tout allait changer. A partir de Byzance. Car mosaïstes, fresquistes et sculpteurs firent rayonner l'image de la Théotokos jusqu'en Italie.

L'exemple le plus caractéristique en est sans doute donné par une mosaïque de l'église Saint-Apollinaire-le-Neuf, à Ravenne, qui date du VIe siècle. Marie et son fils sont représentés de face, dans le même axe vertical, où elle le domine par la taille bien sûr. Ses grands yeux sont noirs et fixes. Son attitude presque impassible. « Elle sait quel est son titre et quels sont ses droits [*sic*] sur l'Enfant-Dieu assis sur ses genoux », écrit Maurice Vloberg[23]. Les mages leur apportent leurs présents. Une procession de vierges martyres, tenant des couronnes, viennent leur rendre hommage. L'artiste copie le cérémonial le plus fastueux que jamais cour impériale ait pratiqué. Le souci de l'imitation de l'étiquette et du vestiaire de la cour de Byzance va jusqu'à la teinte des chaussures de la Vierge : elles sont rouges comme celles de l'impératrice (les femmes de Byzance ne pouvaient en porter de cette couleur, réservée au costume impérial !).

Ce type d'image s'impose dès lors, longtemps immuable, dans les absides. A Rome, l'influence de l'art byzantin se manifeste surtout dans la basilique Sainte-Marie-Majeure. Plusieurs mosaïques mettent en scène de façon protocolaire la Maternité divine. La jeune femme du charpentier Joseph a des allures et des toilettes de princesse, colliers de joyaux, tunique brodée de perles, ceintures de pierreries. Qu'elle écoute l'ange Gabriel, quenouille sous le bras, ou présente Jésus au Temple, les grands anges majestueux lui servent de gardes du corps. Dans une autre église, Sainte-Marie-Antique, elle est peinte comme une impératrice.

Le succès – significatif – de cette représentation de Marie allait se prolonger, interrompu seulement, à Byzance, par l'interdiction du culte des images. Interdiction qui avait commencé par celle de l'image du Christ : l'empereur Constantin V, au VIIIe siècle, jugeait que, puisqu'on ne peut figurer par l'image la nature divine du Christ, on ne peut non plus se limiter à représenter sa nature humaine. Par extension, les images de Marie et des saints furent aussi bannies [24]. Mais il est intéressant de noter l'argumentation de Constantin V concernant le culte de Marie : femme, dit-il en substance, elle n'a pu porter qu'un homme.

Et, après la naissance de celui-ci, elle est redevenue une femme ordinaire, tout comme une humble bourse est sans valeur quand on en a retiré les pièces d'or.

Sans commentaires...

Curieusement, quelques années après la mort de Constantin V, le pouvoir impérial échut à une femme, Irène, première femme empereur, qui rétablit le culte des images. Mais ceci est une autre histoire.

9

Notre-Dame... en bleu ou noir

Lorsque Maurice de Sully, devenu en 1160 évêque de Paris, décida d'y faire bâtir une cathédrale, il pensa d'abord la dédier à saint Etienne, l'un des tout premiers martyrs chrétiens. Plus tard, elle fut débaptisée et devint Notre-Dame. Ce n'était ni caprice, ni hasard. Mais signe.

Après l'an mil, l'Eglise s'était préoccupée de canaliser la piété populaire. Le culte des reliques de saints s'était substitué à l'idolâtrie païenne. Mais lui ressemblait quelque peu. Alcuin, savant anglo-saxon du VIIIe siècle, avait certes souligné qu'il était préférable d'« imiter les exemples des saints plutôt que de porter leurs ossements ». Mais ceux qui l'avaient écouté ne se comptaient pas par milliers. On se disputait les os des bienheureux, jugés plus efficaces que les amulettes barbares. Les Orientaux les débitaient en petits morceaux. Les Occidentaux, d'abord réticents, avaient fini par s'y mettre. Prêtres et moines organisaient de véritables expéditions vers l'Orient, afin de prospecter les tombeaux. Et les Syriens, possesseurs de cadavres de saints, faisaient couler sur eux de l'huile qu'ils récupéraient ensuite – imprégnée, croyait-on, des vertus du mort – afin de la revendre. A Nazareth, on exposait dans « la maison de la Sainte Marie » ses vêtements qui opéraient des guérisons miraculeuses. A Jérusalem, des moniales montraient une chambre où Jésus aurait fait enfermer sa mère pour l'empêcher d'assister à son supplice (!). Elles y gardaient ses cheveux dans une ampoule de verre[1].

Les hommes de ce temps, aux prises avec une nature marâtre, pour qui la vie terrestre était vraiment le passage dans une vallée de larmes, ne savaient où donner de la prière afin d'échapper aux mille dangers d'un monde hostile. Ils essayaient tout ce qui se présentait comme personnages protecteurs, prenaient de multiples assurances contre les fléaux. Cette vénération des restes de cadavres aurait fait hurler les disciples de Platon. Et comme l'a souligné Mircea Eliade, historien des religions, elle « était en quelque sorte solidaire de la doctrine de l'Incarnation[2] ». Quand même, ces trafics et ces superstitions avaient pris de telles proportions que les autorités ecclésiastiques se décidèrent à réagir. Il fallait en finir avec toute une armée de saints locaux aux origines obscures.

Il en reste aujourd'hui encore quelques compagnies. Mais l'effort de l'Eglise, à cette époque, fut impressionnant. Plutôt que d'éliminer, elle préféra aiguiller la piété populaire vers Jean-Baptiste, les apôtres. Et surtout Marie.

Celle-ci, bien sûr, n'avait jamais cessé d'être vénérée.

Le culte de la Théotokos avait par exemple multiplié des statues, taillées dans un seul bloc de bois, plus petites que nature, très souvent noires[3], représentant Marie – au visage impassible, parfois plus tendre – assise sur un trône, tenant sur ses genoux l'Enfant Jésus montré de face comme elle. Imitées de l'art byzantin, elles furent souvent appelées « Vierges en majesté ». On en trouve un bon nombre, en France, dans le Massif central, mais aussi à Chartres, ou en Espagne, à Montserrat. Elles étaient, à leur manière, le signe de l'Incarnation. Un « docteur de l'Eglise », déjà cité, Ephrem, n'avait-il pas écrit, parlant de Jésus : « Le ciel est le trône de sa gloire, pourtant il est assis sur les genoux de Marie[4]. »

Mais si Marie avait toujours été célébrée, le titre de Notre-Dame ne lui fut accolé qu'au tout début du deuxième millénaire.

La France, le monde féodal notamment, découvre alors l'amour, « l'amour courtois[5] ». Dans la vie réelle, le seigneur domine son épouse, leur mariage a été « arrangé ». Mais dans « l'amour courtois », la femme est la suzeraine (le terme sera appliqué à Marie), l'homme est son vassal. La femme aimée est appelée la « Dame », par allusion à l'épouse du maître. Elle est toujours plus haut placée que celui qui désire être aimé d'elle[6]. Pour mériter la bienveillance de sa dame, le chevalier doit affronter sans hésiter les plus grands dangers, accomplir les plus hauts faits d'armes, célébrer sa beauté, la servir. Il vit agenouillé devant elle, il l'entoure d'attentions. Il a engagé sa foi, il ne saurait la trahir.

L'amour courtois n'a rien de religieux à l'origine : la « Dame » qu'aime le chevalier n'est pas la sienne (qu'on lui a imposée) mais celle d'un autre. Pourtant, le culte de Marie envahissant alors l'Europe, les thèmes de l'amour courtois y furent appliqués. D'autant que la plupart des moines étaient issus de l'aristocratie chevaleresque. « La Vierge, écrit l'historien Georges Duby, apparut bientôt comme la Dame par excellence, Notre-Dame que chacun doit servir d'amour[7]. »

Le culte de la Vierge et celui de la Dame procèdent de mouvements distincts. Mais ils se répondent. L'amour courtois fait découvrir, ou croître, celui de Marie. L'Eglise s'y emploie. « Capter ces courants de sensibilité, les détourner vers les liturgies de l'Eglise, explique encore G. Duby, telle fut la tâche des prélats, la tâche, avant tout, des moines. » Ils s'efforcèrent de traduire les chansons d'amour en hymnes et cantiques. Et y parvinrent en partie.

Alors, le temps des cathédrales devint le temps des « Notre-Dame ». Dans les campagnes, les clercs et les moines, souvent, continuaient de célébrer la « bienheureuse Vierge Marie ». Proches des réalités, respirant davantage l'air du temps et respectant les volontés des donateurs, les bâtisseurs de cathédrales les baptisèrent Notre-Dame. Cinquante-huit cathédrales lui furent consacrées en France, depuis le baptême de Clovis jusqu'au concile de Trente (XVIe siècle). Dans le même temps, quatorze furent dédiées à saint Pierre et treize à saint Etienne[8].

Cette floraison de cathédrales est le fruit d'un très profond mouvement de la pensée et de la foi. Les universités tenues par les religieux commencent à s'affranchir du dualisme grec, la théologie ne se limite plus au commentaire et à l'exégèse des Ecritures, la matière n'est plus méprisée, la valeur de l'homme est exaltée. Les croisés s'installant sur les lieux où Jésus a vécu prennent davantage conscience de son humanité. Saint Bernard de Clairvaux, moine-soldat cistercien qui prêche la deuxième croisade, parle (dans son *Traité de l'amour de Dieu*) du Christ comme d'un ami ; il s'attendrit sur sa naissance dans l'humilité d'une crèche et médite sur son existence terrestre. A cette époque aussi, en 1203 exactement, l'évêque de Paris, Eudes de Sully, fait mention, le premier, de l'élévation de l'hostie et du calice (les espèces du pain et du vin, signes du corps et du sang du Christ) lors de la messe, de la récitation des prières de la consécration. Quelques années plus tard, en 1217, François d'Assises dira qu'il veut se rendre en France en raison de la vénération particulière dont est l'objet, en ce pays, le corps du Christ.

Bref, les hommes des XIIe et XIIIe siècles redécouvrent toute la richesse, le sens et les promesses de l'Incarnation. Et comme l'écrit l'historien André Vauchez, le culte des reliques mais surtout la dédicace de la plupart des nouvelles cathédrales à Notre-Dame tiennent à « la conviction très profonde que l'Incarnation n'est ni une apparence ni une déchéance, mais une insertion de Dieu dans la nature et dans l'histoire des hommes [9] ».

Au portail de la cathédrale de Senlis apparaît, au milieu du XIIe siècle, le thème de la glorification de la Vierge, qui devient rapidement l'un des types obligatoires des images et sculptures gothiques. Actrice de l'Incarnation, elle est souvent couronnée par son fils. Elle n'est plus seulement la Théotokos, la mère assise tenant son enfant sur les genoux, elle est reine, à Paris comme à Chartres ou Pampelune. L'Italie la représente plutôt assise avec Jésus sur un *synthronos*, un trône pour deux personnes, puis adopte le thème du couronnement à partir du vitrail en rosace de la cathédrale de Sienne, daté de 1287[10].

Reine, elle est femme aussi. Les peintres profitent de multiples représentations de Marie qu'on leur commande pour rendre hommage à la beauté féminine.

Cette Vierge est souvent accompagnée d'une fleur de lys, symbole de pureté. Car on rapporte à Marie un verset du Cantique des cantiques (**2**, 2) : « Comme un lys au milieu des épines, telle est mon amie au milieu des jeunes filles. » Enfin, c'est à cette époque qu'elle commence à être vêtue de bleu. Une petite révolution.

Pour les Romains, en effet, cette couleur était celle des Barbares. Les Egyptiens la jugeaient bénéfique, mais non les Grecs. Dans les premiers siècles de notre ère, elle était même, parfois, la marque d'une femme peu vertueuse[11]. Les savants de l'époque, observant l'arc-en-ciel pour déterminer le nombre des couleurs, n'y trouvaient pas trace de bleu. Les théologiens en concluaient que Dieu n'avait pas créé cette couleur. Dans les images religieuses, mosaïques exceptées, le ciel était le plus souvent doré. Et le cardinal Lothaire, futur pape Innocent III, codifiant dans un traité (à la fin du XIIe siècle) les usages de Rome en matière de vêtements liturgiques, ne citait que quatre couleurs : le blanc, symbole de pureté, pour les plus grandes fêtes ; le rouge qui rappelle le sang du Christ et celui des martyrs pour les fêtes de la Croix et de la Pentecôte ; le noir pour le deuil et la pénitence ; le vert, enfin, pour les jours ordinaires[12].

Comme toute règle, celle-ci connut des exceptions.

Mais force est de constater que, jusqu'à nos jours, le bleu est presque toujours absent des vêtements liturgiques. Alors qu'il fit une entrée majestueuse avec Marie. A tel point que celle-ci, comme si elle se conformait aux usages des hommes, est désormais vêtue de bleu, ou porte une ceinture bleue, dans la plupart de ses apparitions actuelles. A tel point aussi que, au XIXe siècle et dans la première moitié du XXe, des enfants mis sous sa protection seront « voués au bleu », c'est-à-dire habillés constamment de cette couleur.

Comment le bleu est-il devenu la couleur de Marie ? La question vaut que l'on s'y arrête. Elle a été longuement traitée par Michel Pastoureau, spécialiste international de l'histoire des couleurs [13].

Il souligne l'existence d'un véritable débat théologique au Moyen Age. D'un côté, certains pensent, comme saint Bernard, que la couleur n'est que de la matière, donc méprisable (nous retrouvons ici quelques traces des thèses platoniciennes). D'autres, au contraire, se réfèrent à la lumière, à la fois visible et immatérielle (saint Augustin disait qu'elle est « visibilité de l'ineffable »). Pour eux, elle participe donc au divin. La couleur également si elle est lumière et non matière. Colorer, c'est faire reculer les ténèbres. Au milieu du XIIe siècle, Suger, abbé (et même régent du royaume lorsque le roi de France part en croisade), fait rebâtir son église abbatiale de Saint-Denis. « Chromophile », comme l'écrit Michel Pastoureau, il met de la couleur partout pour vénérer Dieu. Partout, c'est-à-dire sur les pierres, les étoffes, les vitraux, les émaux. S'il en avait les moyens, il construirait une église avec des pierres précieuses. Et il utiliserait surtout le saphir, la plus belle des pierres à ses yeux, le saphir qui laisse pleinement la lumière de Dieu pénétrer dans les églises. Or, pour lui, Suger, le bleu est lumière, lumière céleste.

Comme il arrive souvent, les techniques évoluent dans le même temps que les idées. Ou les suscitent. A cette époque, les peintres verriers qui composent les vitraux des cathédrales parviennent à mettre au point un bleu d'un éclat particulier, le « bleu de Saint-Denis », du nom de l'église abbatiale de Suger. Ils savent désormais fabriquer un bleu éclatant, non seulement à partir de l'indigo – extrait d'une plante orientale, donc coûteux –, mais grâce à la guède (plante européenne dont les feuilles donnent une couleur bleue : c'est le pastel des teinturiers).

Le bleu devient ainsi plus accessible au moment où on l'assimile à la lumière céleste. Or, jusque-là, Marie était diversement vêtue, mais presque toujours de couleur sombre, portant le deuil de son fils mort sur la Croix. Mais voilà que, croyant davantage en l'Incarnation, on réhabilite la terre (qui n'est plus seulement une vallée de larmes) et l'humanité. Le bleu est à la fois couleur, donc matière, et lumière, donc céleste. Il unit le ciel et la terre. Résultat : il apparaît de plus en plus sur le manteau de Marie, sur sa robe, voire tout son vêtement. La Vierge fait la promotion du bleu et le bleu devient *sa* couleur, même si, au fil des siècles, d'autres teintes lui furent affectées [14].

Vêtue de bleu, couronnée, féminine, la Vierge est donc partout célébrée au Moyen Age. Plus seulement comme Théotokos, mais pour elle-même.

Le trouvère Rutebeuf écrit :

Ma sainte reine belle,
Glorieuse pucelle,
Dame de grâce pleine
qui le bien nous révèle,
En besoin que t'appelle,
Délivré est de peine[15].

L'Allemand Conrad de Wurzbourg compose un commentaire poétique de l'Ave Maria, en quarante strophes de dix-sept vers, commençant chacune par les mots « Ave Maria ». Et finit par jeter la plume, concluant que personne ne peut chanter Marie à la hauteur de ses vertus : « Ave Maria, eau, feu, terre, air ne peuvent te louer selon tes mérites, ni selon ta gloire. Tourne ta grâce vers tes pauvres serviteurs. Colombe vivante, ta louange plane au-dessus de tous les cieux, comme l'aigle plane de tous les airs[16]. »

De tous les horizons du monde chrétien montent alors les mêmes mots d'admiration, d'adoration. A tel point que le grand spécialiste du Moyen Age, Jacques Le Goff, écrit : « Il me semble que dans ces conditions la Vierge accède à un statut supérieur exceptionnel. Je vois en elle une sorte de quatrième personne de la Trinité[17]. »

Il ajoute : « Si l'on pense que ce culte marial [au Moyen Age] est contemporain de la transformation du mariage en sacrement, d'une promotion de l'enfant et de la famille étroite, comme les nativités en donnent l'image, il faut voir dans la Vierge *la grande auxiliatrice du sort de la femme*[18]. »

Ainsi, alors que bien des Pères de l'Eglise avaient surtout utilisé l'image de Marie contre les femmes, un grand retournement se produit alors. Il contribue sans doute à expliquer l'attachement des femmes à Notre-Dame.

Mais les temps changent et les spiritualités évoluent, bousculées ou simplement marquées par les événements et le mouvement des idées : au XVe siècle, un autre rôle de Marie, celui d'avocate, de protectrice, va s'imposer.

Tout au long du Moyen Age, en effet, la figure du diable, de Satan, n'a cessé de grandir. Il n'est surtout apparu, en image, qu'au IXe siècle. Mais il s'est bien rattrapé ensuite, presque toujours représenté sous les traits grimaçants, horribles, d'un animal monstrueux dont le pire exemple est sans doute donné au XVe siècle par un panneau du retable du Jugement dernier de Fra Angelico [19] : cornes, queues, peau plissée et ridée de dragon, yeux exorbités, rien ne lui manque ; il dévore et excrète des damnés fournis par des diablotins, guère plus rassurants, armés comme il se doit de fourches.

Bien sûr, il est l'ennemi de l'Eglise. Et les clercs le voient à l'œuvre partout, à la tête d'un complot qui réunit et inspire leurs adversaires, les hérétiques, les sorciers, les musulmans, les juifs, d'autres encore.

Comment expliquer cette omniprésence de Satan, désormais plus menaçant ?

C'est que le monde féodal à ce moment, au XVe siècle, est ébranlé, fissuré. Les rois ont étendu leur pouvoir aux dépens des seigneurs, la loi remplace la coutume, les prêtres et les évêques sont contestés par les dévots. La peste, au XIVe siècle, a fait des ravages. Les familles se sont repliées sur les villes où l'on croise, chaque jour, bien plus qu'à la campagne, de noirs cortèges funèbres. La comparaison de la terre avec une « vallée de larmes » s'impose de nouveau.

Une religion de la peur se diffuse[20]. C'est de cette époque que date le « Dies Irae », inventé par les franciscains, et, dans l'art, *L'Apocalypse* d'Albrecht Dürer. Les populations sont assoiffées de salut mais elles craignent l'enfer. Alors, Satan se multiplie. Les démons apparaissent nombreux. Ils portent des noms étranges, Astaroth, Cerberus, Fergalus, Berick. Les fresques et les chapiteaux des églises – en Italie d'abord, puis dans tout l'Occident[21] – les montrent à l'œuvre, poursuivant les pécheurs pour les jeter au feu, les torturer et les découper. Et puisqu'il existe sept péchés capitaux, on va inventer, en punition de chacun, un supplice particulier. Le moins rude est peut-être pour les gourmands placés devant une table bien garnie sans pouvoir y toucher. Mais les couples de sodomites sont unis par une broche qui les transperce de la bouche à l'anus.

Cerberus, Lucifer et les autres ne respectent même pas les couvents où « ils s'emparent du corps des nonnes[22] ». Ils sont partout. Ils interviennent à tout moment. Alors réapparaissent, pour leur faire face, les anges gardiens (que l'on avait un peu oubliés) et les saints protecteurs. Mais ils ne sont jamais assez nombreux. Alors se développe le culte des Onze Mille Vierges et des Dix Mille Martyrs[23] et « l'armée des anges » envahit les tableaux des églises.

La peur concerne surtout, bien sûr, le jugement de Dieu. Saint Augustin pensait que les âmes des morts résidaient dans de « secrets dépôts » en attendant le Jugement dernier à la fin des temps. Au XIIe siècle, on pense plutôt qu'elles ne traînent pas – puisque la fin des temps se fait attendre – et qu'elles accèdent, dès le trépas, à l'enfer ou au paradis. Mais ensuite va grandir et s'imposer l'idée qu'il existe un lieu intermédiaire, le purgatoire, où l'on souffre, où l'on « purge » sa peine en attendant l'entrée au paradis[24].

Cette invention du purgatoire est une révolution invisible puisque l'on introduit le temps des hommes dans l'éternité.

L'espoir revient aussi. Le purgatoire est un lieu moins terrifiant que l'enfer : sur bien des retables et des fresques, les flammes qui lèchent les « purgés » ne sont plus aussi rouges, parfois même blanches. Et surtout, on peut sortir de cette fournaise. Les recueils de sermons de l'époque abondent en histoires de morts qui viennent raconter leurs souffrances à leur famille ou à leurs amis, demander que l'on célèbre des messes ou que l'on multiplie les prières pour écourter la durée de leur peine. Il leur arrive même de proposer une sorte de troc dans le style « si vous y parvenez, vous les vivants, j'intercéderai pour vous quand je serai au paradis à l'heure de votre propre mort ; je serai bien placé ».

Afin de réduire la peine des défunts, on va donc prier, faire dire des messes pour « le repos de leur âme », voire acquérir contre espèces sonnantes et trébuchantes des indulgences. Qui ne sont pas toujours achetées, il est vrai. On peut en bénéficier à d'autres occasions. Ainsi, Gui François, veuf devenu évêque du Puy, auteur d'un texte mystique intitulé « Les sept joies de Notre-Dame » et qui devient pape sous le nom de Clément IV, accorde cent jours d'indulgence à ceux qui réciteront son œuvre.

Puisqu'un tribunal de Dieu, siégeant en permanence et non à la fin des temps, est ainsi montré partout, tribunal qui peut condamner à perpétuité mais aussi mesurer les peines, on cherche des avocats. On trouve des saints, bien sûr. Mais surtout l'avocate par excellence, Marie.

Le raisonnement est simple : à sa Mère, Jésus, modèle des fils, ne peut rien refuser. C'est ce qu'explique alors un texte de l'Italien Fra Jacopone, très répandu dans son pays, et cette idée sera reprise un peu partout. Dans ce texte, Marie lance à Jésus de multiples appels, très émouvants. Il répond que si les pécheurs savaient de quel amour il « l'enveloppe, tous en puiseraient grand réconfort ». Tout ce qu'il demande au pécheur, c'est d'aimer le plus possible sa Mère :

Mère, voici ma promesse :
Quels que soient ses péchés
en pensée, actions, paroles,
s'il est saisi de ton amour,
je les lui pardonne et absous,
et je serai son défenseur.
Qu'il n'ait d'autre préoccupation
que d'être très délicatement
aimant à ton égard.

Pourtant, dans ce récit, Jésus finit par expliquer, respectueusement, qu'il y a des limites à son indulgence, et qu'elle doit cesser de défendre certains pécheurs :

O ma Mère, ne me priez pas
car Vous ne pouvez être entendue.
Leurs fautes nombreuses et leur mépris
à mon endroit, tout le long de leur vie,

crient que j'en tire vengeance,
C'est pourquoi veuillez en ce moment
garder le silence.

Cette image d'un Jésus vengeur n'est pas très évangélique mais elle reste toujours répandue. Et, dans cette histoire, c'est Marie elle-même qui, en fin de compte, doit se résoudre à annoncer aux damnés qu'il est trop tard : « Il n'est plus temps d'appeler car la miséricorde, en cette heure, est suspendue[25]. »

Une conclusion, par bonheur, plutôt rare. Ainsi, quand Dante écrit la *Divine Comédie*, il représente Marie toujours active, prompte à le protéger. Il arrive dans la Vallée fleurie où des âmes chantent « Salut, ô Reine ! ». Mais chaque soir, un serpent, tentateur évidemment, essaye d'y pénétrer. En vain. Car deux anges chassent vite ce démon. Et « tous deux viennent de Marie ».

Les peintres ne sont pas en reste. Partout, Marie protège de son manteau les humains qui s'y blottissent.

Quelques saints peuvent sembler lui faire concurrence, ou lui servir d'auxiliaires, comme saint Michel en Catalogne, ou Nicolas de Talentino en Italie. Mais elle tient le premier rôle. L'Espagnol Machuca la montre même, au XVIe siècle, dévoilant ses seins et les pressant pour en faire jaillir le lait dont se rafraîchiront les âmes souffrantes.

C'est peut-être le retable du *Couronnement de la Vierge*, à Villeneuve-lès-Avignon, qui illustre le mieux la place faite alors à Marie. Majestueuse et douce, elle occupe le centre. Le Père et le Fils, de part et d'autre, presque semblables, tiennent sur sa tête la couronne que surmonte la colombe représentant le Saint-Esprit. Comme si elle était « la quatrième personne de la Trinité ». A droite et à gauche, des anges et des saints. Puis, vers le bas, notre terre, plate, reliée au ciel par un petit crucifix. Enfin, sous terre, l'enfer et le purgatoire, où gémissent des âmes, aux prises avec les démons. Mais nombre d'entre elles sillonnent aussi le ciel, montent vers Marie comme des étincelles ou des flammes. Et l'on voit même un ange aider l'une d'elles à échapper à l'enfer... C'est celle d'un pape[26].

La Vierge protectrice n'est pas seulement sur les tableaux, les retables, dans les églises et les chapelles. Partout, on la retrouve, au coin des rues, le long des routes, sur les portes et les murs.

L'obsession de la mort fait surgir aussi une tout autre image de Marie : la Pietà, celle qui souffre avec son fils supplicié. Les chrétiens des premiers siècles, semble-t-il, ne s'étaient guère intéressés à ce drame maternel. Comme s'ils ignoraient l'avertissement lancé à la jeune Marie, lors de la présentation de Jésus au Temple, par le vieillard Syméon : « Un glaive te transpercera le cœur » (Luc **2**, 35). Augustin avait certes indiqué que l'on pouvait y voir l'annonce d'une douleur aiguë transperçant le cœur de Marie. Mais ce thème était peu développé. Jusqu'au XIIe siècle. Alors, on se mit à chanter le « Stabat mater dolorosa » (« La mère, douloureuse, se tenait au pied de la Croix ». Voir *supra*, p. 90). Alors saint Bernard écrivit : « La lance a ouvert son côté [de Jésus], mais c'est ton âme, ô mère bienheureuse, qu'elle a transpercée. Son âme à lui n'était plus là, mais la tienne ne pouvait en être arrachée. » Et encore : « Il a pu mourir dans son corps, pourquoi n'aurait-elle pas pu mourir avec lui par le cœur[27] ? »

En ces époques de mort et de deuil, la Pietà fut surtout implorée et célébrée par les mères. Ce culte rapprochait Marie des femmes – si nombreuses – qui perdaient leurs enfants. On la représenta même s'évanouissant, perdant connaissance, s'écroulant dans les bras de ses voisines, au pied de la Croix[28]. La quasi-totalité des images, quand même, la montraient tout à fait consciente et souffrant de la plus totale affliction.

Certains, prêts à tous les excès – comme il arriva et arrive encore très souvent dans le culte marial –, allaient jusqu'à l'imaginer crucifiée. L'auteur inconnu d'un texte du XIVe siècle intitulé « Méditations sur la vie du Christ », écrivit : « Elle était attachée à la croix en même temps que son fils et voulait mourir avec lui plutôt que continuer à vivre[29]. » Voulait-il parler au sens figuré en évoquant cet attachement à la Croix ? Peut-être. On peut voir en tout cas dans le cloître de Vaison-la-Romaine, en Provence, un surprenant crucifix de pierre à double face datant du XVe siècle : Jésus est attaché à la Croix d'un côté, et Marie de l'autre, tenant le corps de son fils décapité.

Un texte du XIIIe siècle, signé Richard de Saint Laurent (qui consacre six pages à la beauté spirituelle de Marie et quarante pages à sa beauté physique, prônant la vénération de chaque partie de son corps), alla jusqu'à la juger plus miséricordieuse que Dieu le Père ou Jésus. Ce Richard lui appliquait les prières du « Notre-Père » : « Notre-Mère qui êtes aux cieux, donnez-nous notre pain quotidien. » Enfin, il croyait à sa présence réelle dans l'hostie : « Dans le sacrement de son Fils, nous mangeons et buvons aussi sa chair et son sang à elle[30]. »

Comme si les qualités de Marie n'étaient pas assez belles et grandes, des exaltés allaient ainsi sombrer dans l'idolâtrie.

10

« Conçue sans péché » et montée au ciel

Le pape Pie IX en avait les larmes aux yeux. Il est vrai qu'il s'engageait beaucoup, personnellement, en proclamant, ce 8 décembre 1854, le dogme de l'Immaculée Conception. Pour bien des raisons.

D'abord, parce que l'Eglise catholique romaine n'avait pas, depuis des siècles, défini une « Vérité de Foi » avec une telle solennité. Aussi parce que Giovanni Mastai-Ferretti, élu pape en 1846, était animé d'une profonde piété mariale. Il attribuait, disait-on, à la Vierge la rémission d'un mal, l'épilepsie, qui l'avait frappé dans l'enfance et dont il avait longtemps souffert.

Enfin, la papauté traversait des temps dramatiques. Au conclave de 1846, il avait été considéré comme un candidat d'« ouverture ». Ne venait-il pas d'envoyer à Rome, quelques mois plus tôt, alors qu'il n'était qu'archevêque d'Imola, petite ville de la province d'Emilie, un programme de réformes ? Il avait écrit aussi à son ami le cardinal de Ravenne son aversion pour ceux que l'on appelait alors « libéraux », en ajoutant aussitôt que « le fanatisme des “bigots” [*sic*] ne [lui était] absolument pas sympathique [1] ».

Il plaidait alors pour « un juste milieu chrétien », mais les remous du siècle allaient le faire basculer. Les révolutions qui éclatèrent en 1848 en Europe se conjuguèrent, en effet, en Italie, à un puissant mouvement national d’unité. Auquel l’existence des Etats pontificaux faisait obstacle. Le pape avait dû alors s’enfuir du Vatican pour un exil de dix-huit mois. L’année même de la proclamation du dogme, les deux tiers des ordres religieux avaient été démantelés dans ce pays où ils étaient partout implantés. Et les troupes italiennes se massaient pour attaquer Rome.

Des historiens ont suggéré que des circonstances avaient contribué à pousser Pie IX à la proclamation de l’Immaculée Conception, afin d’affirmer, au milieu des troubles et des périls, son autorité personnelle [2]. Mais avant de le faire, il avait consulté les évêques du monde, qui l’avaient presque tous approuvé, ainsi qu’une commission de théologiens, qui en avait fait autant par dix-sept voix sur vingt [3]. Surtout, la croyance en l’Immaculée Conception, qui rencontrait aussi quelques fortes oppositions, existait depuis des siècles.

Les peuples, il est vrai, la confondaient (la confondent encore très souvent...) avec la conception virginale. Mais les théologiens et les ordres religieux qui en débattaient en avaient très bien délimité le sens : Marie avait été préservée du péché originel qui souille tout homme dès sa conception [4].

Leur débat n’avait commencé vraiment qu’à l’époque de saint Augustin (IVe siècle) puisque c’est lui qui a inventé l’expression « péché originel » et formulé précisément cette doctrine. Si bien qu'on lui en a attribué la paternité.

Avant lui, les Pères de l'Eglise s'étaient interrogés (et parfois disputés) sur la sainteté de Marie. Tertullien (voir *supra*, p. 71) avait même prétendu avec sa fougue habituelle que Marie avait été reniée par Jésus puisqu'elle avait manqué de foi en lui [5]. Origène, sans aller aussi loin, expliquait au peuple qu'elle avait connu des défaillances passagères [6]. Ce qu'il répétait souvent devant des évêques qui n'y trouvaient, semble-t-il, rien à redire [7]. Il est vrai que, dans le même temps, il parait la Vierge de toutes sortes de vertus et en faisait un modèle pour les femmes.

Un autre Père, Epiphane, considérait, au contraire d'Origène, que jamais Marie n'avait connu la moindre faiblesse. Mais il luttait aussi contre les groupes qui l'adoraient comme une déesse [8]. Il fallait, disait-il, honorer Marie comme une sainte de rang élevé, mais pas plus qu'une sainte. D'autres, comme Grégoire de Nazianze, pensaient qu'elle avait été « purifiée » au moment de l'Incarnation. Enfin, saint Jean Chrysostome, qui n'y allait pas par quatre chemins, multipliait les reproches à Marie : elle n'avait pas cru assez vite au message de l'ange Gabriel puisqu'elle lui avait posé une question ; à Cana elle avait paradé mais reçu une leçon « bien méritée » ; et, tout comme les frères de Jésus, elle avait pris celui-ci pour un homme ordinaire. Il eût donc été en droit de la renier. Mais il était Jésus...

Bref, l'opinion des Pères et des théologiens de leur temps, même si elle admettait très largement la sainteté totale de Marie, n'était pas unanime.

Alors, survint Augustin. Et d'abord Pélage puisque

celui-là a répondu à celui-ci sur le sujet qui nous intéresse.

Pélage est un étonnant personnage. Un Irlandais, laïc, qui s'établit à Rome au ve siècle, rassemble des fidèles, s'enfuit à l'arrivée des Barbares, se retrouve en Palestine et connaît alors bien des ennuis. Car on le condamne comme hérétique : c'est le premier hérétique de l'Occident chrétien. Puis on le réhabilite, puis on l'absout. Divers groupes font, dans ce but, du « lobbying » auprès du pape (ou de l'empereur, somptueux cadeaux à l'appui). Objet de ces controverses : Pélage insiste sur la liberté de l'homme, chef-d'œuvre de Dieu, à qui la raison permet de distinguer entre le bien et le mal ; mais, soulignant l'entière autonomie de l'homme, il sous-estime la grâce divine [9].

Il se trouve que Pélage, demandant que l'homme recherche la sainteté absolue, choisit Marie comme exemple de celle-ci. Il en fait le modèle de ce que peut la nature humaine si elle refuse le péché. Et voilà qu'Augustin s'enflamme, comme il lui arrive souvent. Etant donné la vie qu'il a menée dans sa jeunesse (et qu'il raconte dans ses *Confessions*), il ne croit guère aux qualités de l'homme. Surtout, on l'a dit déjà, à cause de la sexualité qui provoque le péché : tout acte sexuel (y compris dans le mariage) est marqué par la concupiscence, le désir charnel, qui est égoïste, donc pécheur [10]. Marie est née d'un acte sexuel, elle n'a pas été conçue sans péché, mais elle a été « régénérée ».

Jésus n'a pas subi le péché originel, souligne Augustin, puisqu'il n'est pas le fruit d'un acte sexuel. Mais Marie, si.

Il n'est pas question, dans ce livre, de se prononcer sur l'existence du péché originel, mise en doute aujourd'hui – du moins dans sa formulation habituelle et le sens qu'on lui a donné depuis des siècles – par bien des théologiens et des responsables de l'Eglise catholique[11]. Mais il s'agit de montrer comment le développement du culte marial a amené la foi en l'Immaculée Conception.

Donc, Augustin n'y croit pas. Mais l'idée va revenir d'Orient. Du concile d'Ephèse (voir *supra*, p. 121) dont un participant, Théodore d'Ancyre, écrit que Dieu ayant créé la première Eve « sans opprobre, a fait naître la seconde sans souillure[12] ». Bien des évêques orientaux commencent alors, révérence gardée, à comparer Marie à la terre vierge et pure avec laquelle Dieu avait formé Adam. L'idée de l'Immaculée Conception progresse donc de ce côté de la Méditerranée.

En Occident, c'est une autre histoire. Certains l'admettent. D'autres s'y opposent, et pas n'importe qui : ils s'appellent saint Bernard et saint Thomas d'Aquin. Leur thèse est simple : le péché originel a frappé toute l'humanité, sans aucune exception, sinon le Christ ne pourrait être dit « sauveur de tous les hommes ». La seule grâce de Marie fut d'en avoir été purifiée, non lors de sa conception, mais dès sa naissance. C'est, en somme, ce qu'avait dit Augustin.

Alors survient Duns Scot. Encore un personnage. Un franciscain, appelé parfois le « docteur subtil », dont l'œuvre est considérable. L'influence aussi.

A cette époque (XIIIe et XIVe siècles), quelques ordres religieux prenaient, dans les villes surtout, le relais des curés de paroisse pour prêcher la bonne parole. Et, en matière de techniques d'encadrement et d'animation des masses, ils étaient très en avance sur leur temps.

Aux premiers rangs se tenaient les franciscains et les dominicains. Mais, unis pour répandre la dévotion mariale, ils étaient en désaccord sur la conception immaculée. Les dominicains, avec Thomas d'Aquin, n'y croyaient guère, n'en admettaient pas le sens. Les franciscains en revanche propageaient cette croyance. Duns Scot était leur « champion », leur « fort en théologie mariale ». Ils répandirent même l'idée – contestée [13] – qu'il était né en 1274, l'année de la mort de Thomas d'Aquin et de Bonaventure, comme si les qualités de ces deux grands théologiens lui avaient été, à leur décès, miraculeusement léguées !

Quoi qu'il en soit, il accomplit un travail théologique considérable. Et c'est lui qui « enflamma la France pour Marie Immaculée [14] ».

Il faut dire que la période était propice : les grands débats sur la rédemption, la conception virginale, la Trinité, la nature humaine et divine de Jésus avaient cessé, même si des hérésies surgissaient toujours ici ou là. Les théologiens qui peuplaient les universités et les collèges (tous religieux) commencèrent à explorer d'autres domaines. Ce que l'on appelle la « mariologie » en était un. On recommença à discuter beaucoup (quelques siècles après Ephèse) des rôles et des qualités respectives de Jésus et de sa mère. On prétendit que le Christ était « sans aucun doute » apparu à Marie en priorité après sa Résurrection, ce dont on ne trouve aucune mention dans le Nouveau Testament. Thomas A. Kempis, auteur présumé de *L'Imitation de Jésus-Christ* – un livre qui allait connaître une énorme diffusion, l'invention de l'imprimerie aidant –, disait même que Marie « était son seul espoir », « le dépositaire de la sagesse de tous les livres de l'Ancien Testament et des Evangiles ». Le Français Gerson, pourtant prudent, la qualifiait de « déesse de l'amour, non de l'amour impur mais de l'amour divin [15] ».

Dans ces attitudes « mariolâtres », l'affirmation de l'Immaculée Conception revenait, bien sûr, avec force. Saint Bernard et Thomas d'Aquin avaient naguère répété sur tous les tons, on l'a vu, que si Marie était née sans péché originel, cela diminuerait la dignité du Christ « comme sauveur universel de tous ». Gerson répliqua par une subtilité : Jésus était exempt du péché originel « de droit » et Marie « par privilège » [16].

La surenchère atteignit des sommets.

C'est là qu'intervint Duns Scot. D'abord en ne mettant pas en doute que Dieu ait préservé Marie du péché originel. Puis en s'interrogeant : quand l'a-t-il fait ? Au moment de sa conception par ses parents ? Un instant après ? Ou après un certain temps ?... Réponse : Dieu seul le sait. Mais nous, nous devons attribuer à Marie « le plus grand degré d'excellence possible [17] ». Résultat : on écrivit et on prêcha, à sa suite, que Dieu, au moment de la création, avait mis de côté une certaine quantité de « matière primordiale » – celle qui existait avant le péché originel, qui n'avait donc pas été dégradée par celui-ci – pour que le corps de Marie puisse en bénéficier. Et puisque Marie n'était pas marquée par le péché originel, elle ne devait pas en subir les effets, par exemple la fatigue ! C'était oublier que Jésus – qui n'était pas frappé, lui, par le péché originel – avait connu la fatigue, et l'angoisse, et la mort.

En un temps où les théologiens « mariolâtres » écrivaient que le ventre de Marie, enceinte, avait gonflé plus vite que celui des autres femmes et qu'elle avait mieux nourri son fœtus que les autres, ces contradictions à propos du péché originel furent peu remarquées. Ces excès ne furent guère condamnés. Et, depuis Duns Scot jusqu'à la proclamation du dogme en 1854, la croyance en l'Immaculée Conception se répandit. Des religieux menaient mille campagnes en ce sens.

L'initiative de Pie IX fut donc accueillie avec satisfaction, voire enthousiasme. D'autant que, quatre années plus tard, Marie, apparue à Lourdes, déclara à Bernadette Soubirous, en patois, « *Que soy era Immaculada Councepcion* » (« Je suis l'Immaculée Conception »). Ainsi confirmait-elle, assura-t-on, ce qu'avait dit le pape. Et l'on souligna que cette ratification du dogme par Marie était d'autant plus certaine que Bernadette ne connaissait pas cette expression. Ce qui n'est pas avéré puisqu'il s'agissait d'une croyance ancienne et que l'on avait fait grand bruit, à cette époque, autour de l'initiative du pape. D'ailleurs, quand le curé lourdais, l'abbé Peyramale, interrogea Bernadette à ce sujet, il ne lui demanda pas si elle connaissait cette expression, mais son « sens », ce qu'elle voulait dire [18]. Ce qui n'est évidemment pas la même chose. Et puis, Marie avait tardé elle-même à s'identifier par cette formule étrange (une personne, quelle qu'elle soit, n'est pas une conception). Elle ne la prononça que le 25 mars, soit six semaines après sa première apparition. Il est possible que, dans les remous qui avaient suivi celle-ci, Bernadette ait entendu l'expression « Immaculée Conception », alors très répandue [19].

Ce dogme ayant été proclamé, accepté, ratifié, les

zélateurs de Marie allaient s'employer à en faire reconnaître un autre : l'Assomption. En vérité, il s'agissait, là aussi, d'une croyance ancienne. Le premier à poser clairement la question fut sans doute Epiphane de Salamine, écrivain grec du IVe siècle. C'était un spécialiste des hérésies. Il les recherchait avec ardeur dans les écrits, les sermons et les rites, afin de les pourfendre. Or, il en avait repéré une, très originale et qui ne paraît pas avoir laissé beaucoup de traces visibles : celle des « collyridiennes », ainsi appelées parce qu'elles offraient à la Vierge le sacrifice de petits gâteaux nommés collyrides. L'hérésie, bien sûr, ne se situait pas dans ces gâteaux : ces femmes qui adoraient Marie croyaient qu'elle n'avait pas un corps véritable, seulement une apparence. Ladite apparence, bien sûr, n'avait pu se corrompre après la mort, comme une misérable chair.

Epiphane, les ayant condamnées, s'interrogeait quand même sur le sort du corps de Marie. Plutôt prudent : « L'Ecriture s'est tenue à un silence complet [...]. Pour moi, je n'ose en parler mais je retourne la chose dans ma pensée et je garde le silence[20]. »

Tous n'allaient pas en faire autant.

Après le concile d'Ephèse et la proclamation de la Théotokos, une nouvelle surenchère commença. C'est un phénomène qui se produit parfois chez les clercs : la piété et les convictions y jouent un rôle, mais aussi, parfois, le désir de se mettre en avant en propageant un aspect nouveau de la foi. Comme les textes du Nouveau Testament disent très peu de choses de Marie, il est possible – par déduction de leur contenu ou par inspiration personnelle – de lui adjoindre des qualités particulières.

A la fin du ve siècle commencent à se répandre des textes apocryphes concernant sa mort. Ils divergent : selon les uns, le corps de Marie est resté dans le tombeau, mais lumineux et incorruptible ; selon d'autres, il a été transféré au paradis par Jésus lui-même[21]. En dépit des divergences, la croyance se répand. On commence à célébrer, le 15 août, « la dormition de Marie ». Un terme ambigu. Comme l'écrit Bernard Sesboüé[22] : « Il ne dit pas mort et pourtant il exprime d'une certaine façon la mort : c'est un sommeil dans la mort ou mort dans le sommeil qui n'est pas exactement la mort commune. » Et bientôt, en Orient, se multiplient les sermons sur la dormition, qui affirment la mort de Marie – c'est le sort commun de l'humanité –, mais aussi son assomption au ciel avec son corps. Celui-ci est dit incorruptible puisqu'il a porté le Christ, et aussi, ajoutent certains, puisque Marie n'a pas connu le péché originel.

Cependant, on débat moins de l'Assomption que de l'Immaculée Conception. C'est seulement après la proclamation de celle-ci que des pétitions sont adressées à Rome pour obtenir la proclamation de ce nouveau dogme[23]. Lequel n'est fondé sur aucun texte du Nouveau Testament[24].

En fin de compte, Pie XII exauça ces vœux le 1er novembre 1950 en publiant la Constitution apostolique « Magnificentissimus Deus ». Il avait auparavant consulté tous les évêques du monde, qui s'étaient montrés presque unanimes. Et son texte est assez nuancé, marqué par la volonté de ne pas mettre l'Assomption sur le même plan que l'Ascension de Jésus. Il dit en effet que « Marie a été élevée corps et âme à la gloire céleste », alors que, selon l'Evangile, Jésus

« est monté au ciel » : forme active pour celui-ci, forme passive pour celle-là.

Demeure quand même, sous-jacent, un autre débat : avant d'être ainsi « élevée » à la gloire céleste, Marie a-t-elle connu la mort ? Il existe des mariologues appelés « immortalistes » qui jugent que Marie, préservée du péché originel, l'est aussi, du même coup, de la malédiction que constitue la mort. Et l'on peut retrouver la trace de cette opinion dans bien des sermons du 15 août. Or, prudemment, Pie XII ne s'est pas prononcé sur ce point. Il croyait à la mort de Marie, selon un mariologue influent, le père Charles Balic, Croate, président-fondateur de l'Académie pontificale mariale internationale [25]. Jean-Paul II, lui aussi, croit à cette mort : « Il existe une tradition commune, a-t-il constaté lors d'une audience générale [25 juin 1997], qui voit dans la mort de Marie son introduction dans la gloire céleste [26]. »

Faut-il souligner que si Marie n'avait pas connu la mort elle aurait joui d'un privilège exclusif, dont Jésus lui-même n'a pas bénéficié. Elle aurait été mise, de cette manière encore, hors de la condition humaine, désincarnée.

L'Assomption, à la différence de la Résurrection qui fut attestée par des témoins, ne peut être considérée, pour employer le langage des théologiens, que comme « un mystère de la foi ». On peut penser, comme l'écrit le père Sesboüé, que « Marie représente l'anticipation de la rédemption totale. Le salut reçu par Marie est celui de toute l'Eglise et de tout homme mais en elle il existe et se trouve manifesté dans sa plénitude [27] ».

Le débat sur sa mort montre assez que bien des

gens, aujourd'hui encore, peinent à voir en elle une femme véritable. Comment peuvent-ils croire alors que Jésus était, comme le dit le Credo, « vrai homme » ?

Carl Jung, le psychiatre suisse, estimait que le catholicisme, avec la proclamation de l'Assomption, avait « franchi un pas décisif », revenant au culte antique de la déesse. C'était, écrivit-il en 1951, « l'événement religieux le plus important depuis quatre cents ans »[28]. Nul n'est obligé de partager cette assertion. Demeure la volonté persistante de mettre Marie « à part », dont nous allons retrouver d'autres signes – importants – au XXe siècle.

11

Crise au concile Vatican II

Ce mardi-là, le 29 octobre 1963, les esprits des évêques et des experts qui participaient au concile Vatican II étaient très tendus. La veille au soir, beaucoup s'étaient rencontrés, qui dans un séminaire, qui dans un restaurant, qui dans un couvent, pour des conciliabules parfois enfiévrés. Le matin même, à l'entrée de la basilique Saint-Pierre où se tenaient les réunions plénières, on avait distribué une sorte de tract, un appel d'évêques orientaux pour influencer l'un des votes prévus lors de cette séance.

L'annonce de celui-ci se fit dans un silence intense[1]. La proclamation du résultat également : sur 2 193 votants, 1 114 avaient voté *placet* (« pour ») et 1 074 *non placet* (« contre »). Quarante voix seulement séparaient les uns des autres. Il eût suffi qu'une trentaine d'évêques changent de camp pour tout faire basculer. Jamais le concile, qui votait généralement à des majorités imposantes, voire à la quasi-unanimité, ne s'était à ce point divisé. « Ce fut la consternation[2]. » Et cette division laissa de profondes traces.

C'est que le concile ne s'était pas coupé en deux à propos d'un sujet anodin. Il s'agissait de Marie.

La question soumise au vote pouvait, certes, paraître secondaire, de simple procédure. Elle était pourtant, chacun le sentait, capitale : fallait-il que le concile consacrât à Marie un texte particulier ou qu'il intègre ce qu'il voulait dire à son propos dans un texte plus général (une « constitution » en langage romain) consacré à l'Eglise ? L'idée d'un texte particulier était défendue par ceux que l'on appelait les « maximalistes », les évêques qui voulaient majorer la place de Marie, en faire presque l'égale de Jésus. Ils furent donc mis en minorité. De très peu. Et ce jour-là, le concile Vatican II connut sans doute sa plus grande crise.

Avant même sa réunion, lors des travaux préparatoires, de nombreux évêques, soucieux, comme certains le disaient en langage fleuri, d'ajouter « de nouvelles pierres à la couronne glorieuse de Marie [3] », avaient demandé que le concile la « définisse » (terme dogmatique) comme corédemptrice et médiatrice. De son côté, la curie romaine avait tenté de faire rapidement adopter en 1962, lors de la deuxième session du concile, un texte sur la « Bienheureuse Vierge Marie, Mère de Dieu et Mère des Hommes » qui, sans la dire très clairement corédemptrice, le laissait supposer.

Il faut revenir encore à ce mot : « corédemptrice ». C'est lui, en effet, qui situe pratiquement Marie au même rang que Jésus. Ce qui en ferait une quasi-déesse et mettrait à mal le dogme de l'Incarnation, la foi en un Dieu fait homme. Vrai homme puisque « né d'une femme » comme l'écrivit Paul aux Galates

(4, 4). Or, que Dieu se fît homme souligne la valeur de tout homme, de toute femme, âme mais aussi corps. L'Incarnation implique une vision optimiste du monde, animée d'espérance.

Les théologiens qui ont soutenu l'expression « corédemptrice » et l'idée se référaient à l'ancien parallèle entre Eve et Marie (voir *supra*, p. 66). Ils citaient volontiers saint Augustin : « Par une femme nous avions été précipités dans la mort, par une femme le salut nous a été rendu[4]. » Ou encore saint Bernard, lequel qualifiait Marie de « source de la grâce, médiatrice du salut, réparatrice des siècles[5] ». Et, en vérité, de tels qualificatifs n'étaient pas rares, surtout en Orient.

Mais le terme de « corédemptrice » apparut surtout à la fin du XIXe siècle. Ce n'est pas par hasard. On peut discerner, peut-être, plusieurs raisons :

1) La proclamation du dogme de l'Immaculée Conception venait d'ouvrir la voie aux mariologues « maximalistes ».

2) En ce siècle aussi, le culte marial avait connu, en France notamment, un développement extraordinaire. Le clergé l'avait favorisé après le retour de la royauté, lequel marquait la fin d'une période où ce pays pouvait être considéré comme le champion du sentiment antireligieux. La congrégation des « Enfants de Marie » avait été implantée un peu partout avec un immense succès. On dédiait à la Vierge des églises monumentales (Le Puy, Fourvières, Notre-Dame-de-Lorette, Notre-Dame-de-la-Treille – alors inachevée – à Lille), et les évêques parcouraient le pays pour présider de somptueuses processions, bénir et couronner des statues anciennes ou celles – toutes neuves – de

la « Dame » de Lourdes. La multiplication des apparitions[6], évidemment, contribuait à exalter la piété populaire. Le développement des moyens de transport et la hausse du niveau de vie permettait de multiplier les pèlerinages. Ils allaient bientôt devenir l'un des moyens privilégiés de l'action apostolique de l'Eglise[7].

3) Le développement de la piété mariale correspondait aussi aux inquiétudes des peuples. La révolution industrielle avait bouleversé les structures sociales. Les guerres avaient provoqué des dizaines de millions de morts. Après avoir célébré la science et la technique sa fille, l'humanité commençait à craindre leurs fruits. Le besoin d'une protection, d'une protectrice, devenait de plus en plus pressant. Le Moyen Age avait cherché une avocate qui défende les hommes devant le tribunal de Dieu. Le XIXe siècle et la première partie du XXe craignaient moins ce jugement céleste. Ils cherchèrent une tutrice qui les protège sur terre, écarte les bombes, les obus et les maladies. Et aussi une consolatrice dans les épreuves et les malheurs.

4) Certains ont voulu voir dans ce mouvement vers Marie une résurgence du culte de la « déesse mère ». Celui-ci remonte aux origines de l'humanité. Erick Neumann, disciple de Jung, le philosophe suisse déjà cité, avait étudié les œuvres d'art religieux les plus anciennes, et conclu qu'elles étaient « des figurations de la Grande Déesse solitaire, des images paléolithiques de la Mère, alors qu'il n'y avait pas encore de Père, sur la terre comme au ciel[8] ». Le père Joseph Moingt le rappelle : « La représentation d'une divinité féminine et maternelle, d'une déesse mère, *domina gravida*, madone enceinte, accouchant miraculeu-

sement, portant dans ses bras et allaitant son enfant divin, est attestée dans toutes les religions depuis les plus anciens millénaires par l'archéologie et l'épigraphie. A Rome et partout dans l'Empire, on adorait la Grande Mère, ou Mère des dieux, ou Venus Genitrix. Il en allait de même [...] en Anatolie [où] depuis l'époque paléolithique, un culte était rendu à la Mère des dieux, la déesse Kourotrophos et à son (divin) fils représenté en beau jeune homme ; en Egypte, on vénérait Isis nourrissant son enfant Horus [9]. »

L'on peut ajouter que bien des fêtes de Marie se sont substituées, dans les mêmes temps et les mêmes lieux, aux célébrations de déesses mères d'importances diverses. A Rome, la Chandeleur a remplacé la fête de Juna Februa (mère de Mars) et de Proserpine (Perséphone) dont les Romaines célébraient la fête des Lumières avec cierges et torches ; si bien qu'à la fin du VIIe siècle, afin de donner un « but meilleur » à cette coutume, le pape Sergius Ier fixa au 2 février la fête de la « purification » de la Vierge [10]. De même, on peut trouver des correspondances entre le « mois de Marie », célébré en mai, et notamment la fête de Flore, déesse romaine du printemps, située à la même date.

Philippe Borgeaud, professeur d'histoire des religions à Genève, a longuement étudié le mythe de Cybèle, grande déesse, mère des dieux, célébrée au IIIe siècle avant Jésus-Christ dans le monde gréco-romain par des prêtres eunuques. Au terme de cette recherche, il souligne que, après un procès qui dura plusieurs siècles, « le christianisme victorieux finit par asseoir Marie sur un trône qui ressemblait étonnamment à celui de [cette] Mère des Dieux [11] ».

Seulement voilà : ce sont uniquement les trônes qui se ressemblent. Le contexte peut être commun, certes, et des interférences existent. Pourtant, même après Ephèse, souligne Philippe Borgeaud, on résista à la tentation « d'accorder à la Vierge un statut divin, ce qui l'assimilerait carrément [...] à l'antique Mère des dieux [12] ».

Le père Joseph Moingt rappelle que Jésus tient de Dieu seul (et non de Marie) d'être le propre Fils de Dieu. Marie « ne l'engendre pas hors du temps ni dans le monde des dieux, elle l'engendre sur terre et dans le temps pour qu'il appartienne à l'histoire des hommes [13] ». L'essentiel est dans cette phrase.

La tentation demeurait et demeure pourtant. Parce que l'idée d'un Dieu seulement Père, masculin, se heurta à de fortes résistances dans les esprits. D'ailleurs, dans la Bible, quand Moïse dit à Dieu qu'il ne sait pas comment le présenter à son peuple, celui-ci répond « Je suis ce que je suis » (autre traduction : « Je serai qui je serai »), ce qui ne lui donne évidemment pas un sexe. Parlant de Lui et de son action, la Bible utilise le genre masculin [14]. Mais le texte de la Genèse donne à Dieu des traits féminins : « Dieu créa l'homme à son image, à l'image de Dieu il le créa ; mâle et femelle il les créa » (Genèse **1**, 28). Saint Augustin lui-même parle du Christ comme d'une mère qui nourrit son enfant [15].

5) Dernière raison peut-être du développement du culte marial : peut-on suggérer – sans verser dans des considérations psychologiques trop hasardeuses – que celui-ci tient à ce que l'appareil de l'Eglise est constitué d'hommes célibataires [16] ?

Quoi qu'il en soit, ce développement a fait le succès

du mot de « corédemptrice » appliqué à Marie dans les premières décennies du XXe siècle.

Ses propagateurs semblèrent ignorer ce que Paul avait écrit dans la première Lettre à Timothée (**2**, 5) : « Car Dieu est unique, unique aussi le médiateur entre Dieu et les hommes, le Christ Jésus. » Jésus, seul, selon ce texte, est médiateur, sauve les hommes pécheurs par son sacrifice. Pierre, à en croire les Actes des Apôtres, avait dit la même chose : « Le salut n'est en aucun autre [Jésus] car il n'y a pas sous le ciel un autre nom qui ait été donné aux hommes, par lequel nous devons être sauvés » (Actes **4**, 12).

Ce qui n'empêcha pas le Saint-Office, pourtant gardien du dogme, de louer en 1913 la pratique « d'ajouter au nom de Jésus, celui de sa Mère, notre corédemptrice ». Il est vrai que le pape Léon XIII l'avait déjà dit [17], que Pie XI allait le répéter en 1975 [18], et Pie XII, avant d'être pape, également [19].

Les théologiens, jamais à court de subtilités (parfois justifiées), ont distingué la rédemption « subjective », celle que tous les chrétiens peuvent pratiquer par « leurs mérites » afin d'« attirer des grâces et des pardons pour eux-mêmes et pour les autres », et la rédemption « objective ». Celle-ci, c'est d'abord l'œuvre du sacrifice de la Croix, du sang versé. C'est, en principe, l'exclusivité de Jésus. Ceux qui veulent faire de Marie une corédemptrice « objective » indiquent qu'elle a fourni à son Fils la matière de sa chair, la chair du sacrifice de la Croix, qu'elle était avec lui à ce moment, saisie sans doute par l'horreur du spectacle mais « heureuse » – oui, ils osent écrire heureuse – « pourtant de ce que son Fils s'immolait pour le salut du genre humain, participant tellement à ses douleurs que de prendre sur elle les tourments qu'il endurait lui eût paru, si la chose eût été possible, infiniment préférable[20] ». Cette affirmation est de saint Bonaventure, l'un des grands franciscains du XIIIe siècle qui ne craignait pas de prêter à Marie, et d'affirmer avec assurance des sentiments que rien n'atteste. Ceux qui partagent son opinion concluent que Marie « mérita très légitimement de devenir la réparatrice de l'humanité déchue[21] ». Ils ajoutent, certes, que Jésus est « la source » des grâces accordées aux hommes mais que Marie en est « l'aqueduc » ou, comme l'écrivit saint Bernardin de Sienne (un franciscain italien du XVe siècle dont les sermons étaient très courus), « le cou de notre chef, moyennant lequel celui-ci communique à son corps mystique tous les dons spirituels ». Une image audacieuse.

Plus près de nous, Pie X, qui adhérait pleinement à ce raisonnement, alla plus loin encore. Il fit composer par deux cardinaux une prière à la Vierge-Prêtre, procurant une indulgence. Le Saint-Office, plus prudent, décida en 1913 d'interdire les images où Marie figurait... en habit de prêtre[22]. Mais, une prudence s'opposant à l'autre, le décret d'interdiction ne parut qu'en 1916... après la mort de ce pape. Et le débat se poursuivit, parfois violent[23].

Les opposants à la thèse de la corédemption faisaient valoir que si Marie, comme toute l'humanité, avait été sauvée par le Christ, elle ne pouvait, en même temps, sauver ladite humanité avec lui. Ce qui paraît logique.

Leurs adversaires répondaient en rappelant que le Moyen Age avait appliqué à Marie, sans se poser plus de problèmes, le mot de *compassio*, « compassion ».

Autrement dit, qu'elle avait souffert la passion de Jésus avec lui. Et ils citaient le pape Benoît XV écrivant que Marie « abdiqua, pour procurer le salut des hommes, ses droits de mère sur son Fils [...], et l'immola autant qu'il était en son pouvoir, pour apaiser la justice divine, de sorte qu'on peut dire, avec raison, qu'elle-même avec le Christ racheta le genre humain[24] ».

Regardons de près cette affirmation, capitale. Elle dit que Marie « immola » son fils. Immoler signifie « tuer en sacrifice à la divinité » ou encore « faire périr ». Ce pape, plus connu pour ses talents de diplomate (il avait été élu le 3 août 1914 et lutta pour la paix) que pour sa compétence théologique ou biblique, allait bien loin. Dire que Marie immola son fils ne heurte pas seulement le sens commun : rien, dans les textes du Nouveau Testament, ne permet de l'affirmer. A supposer même que l'on prenne au pied de la lettre les propos de l'ange Gabriel lors de l'Annonciation, on n'y trouve aucune mention de ce qui allait advenir de Jésus, sinon une royauté sans fin. On ne peut pas davantage dire comme l'ont fait bien des « maximalistes » qu'elle y avait « consenti[25] » dès le premier instant.

L'affirmation de Benoît XV (qui, heureusement, ne mettait pas en jeu, dans cette affaire, « l'infaillibilité pontificale », dogme de 1871) implique aussi une conception de la mission de Jésus qui a dominé pendant des siècles, et qui habite encore aujourd'hui bien des esprits chrétiens. On peut la résumer ainsi : depuis le péché d'Adam et Eve, « la justice divine », comme dit Benoît XV, attendait une réparation – ou « rançon » selon certains (et certaines traductions de l'Evangile) – pour consentir au salut des hommes. Mais fils de Dieu, animé par l'amour, Jésus s'offrit lui-même en sacrifice pour la « satisfaction » – ce fut longtemps et c'est encore parfois le terme utilisé – de son Père. Ce couple sacrifice-rachat donne du Dieu des chrétiens une image inacceptable, en fait un scandaleux vengeur. Ce qui est en contradiction avec l'enseignement habituel des Eglises chrétiennes. Un théologien de renom a d'ailleurs écrit au début des années 1970 : « Certains textes de dévotion semblent suggérer que la foi chrétienne en la Croix se représente un Dieu dont la justice inexorable a réclamé un sacrifice humain, le sacrifice de son propre Fils. Autant cette image est répandue, autant elle est fausse. » Ce théologien qui fait autorité, c'est le cardinal Ratzinger[26].

On ne s'étendra pas ici sur cette question[27]. Mais le couple sacrifice-rachat est toujours utilisé par beaucoup pour expliquer la mort et la mission de Jésus. On le vit encore lors du concile Vatican II.

« La Vierge Marie, qui devrait nous unir, devient un sujet de division[28] », nota, malheureux, dans son journal, le père Yves Congar, expert au concile, futur cardinal[29], le jour du vote de crise évoqué au début de ce chapitre. Et quelques pages plus loin, il accusa certains évêques « maximalistes » d'utiliser des « procédés très douteux d'entourloupettes ». Ce qui donne une idée du climat. « Cela ne m'étonne pas, ajoutait-il, la mariologie ne vit que de cela depuis longtemps. Du moins, celle qui veut toujours ajouter. C'est un vrai cancer dans le tissu de l'Eglise. » Il n'était pas seul à le penser.

En fin de compte, les évêques réunis à Rome en

novembre 1964 aboutirent à un compromis après avoir été appelés, par le cardinal allemand Frings entre autres, à sacrifier chacun « quelque chose de ses préférences personnelles[30] ». Le texte final, prudent, soulignait que le concile « n'a pas l'intention de faire au sujet de Marie un exposé doctrinal complet, ni de trancher les questions que le travail des théologiens n'a pu encore amener à une lumière totale[31].

Il évite à grand soin l'appellation de « corédemptrice », mais donne à Marie un rôle éminent dans le « salut éternel » des hommes. Elle est « associée à l'œuvre [du « divin Rédempteur »] à un titre absolument unique[32] ».

Elle est dite « médiatrice » entre les hommes et Dieu, mais « nulle dérogation, nulle addition n'en résulte quant à la dignité et l'efficacité de l'unique médiateur, le Christ[33] ».

Il est inutile de multiplier les citations, presque toutes de la même eau, de ce texte qui sent l'embarras. Il fut accueilli, nota Mgr Philips, théologien belge, secrétaire adjoint de la commission qui l'avait préparé, dans un climat de « résignation sans enthousiasme[34] ». On le comprend.

Quatre jours plus tard, peut-être pour réconforter les « maximalistes » quelque peu déconfits, et aussi sans doute par conviction personnelle, le pape Paul VI, entouré de gardes nobles en pourpoint de velours noirs et culottes à la française, annonça au terme d'un très long discours qu'il déclarait Marie « Mère de l'Eglise ». Ce que l'entourage applaudit beaucoup[35].

Or, la commission théologique s'était prudemment abstenue, en dépit de multiples pressions, d'adopter ce terme.

Il est vrai qu'en d'autres occurrences des textes officiels avaient qualifié Marie de « fille » ou de « sœur » de l'Eglise et l'Eglise d'« épouse du Christ » dont Marie est la mère. Avec le respect qui convient, on doit constater que cette multiplication d'épithètes plutôt contradictoires n'ajoute rien à sa gloire[36].

Cette proclamation par le pape Paul VI lui avait été demandée, entre autres, deux mois plus tôt, par tous les évêques de Pologne, dont Mgr Karol Wojtyła, futur pape Jean-Paul II. Dans un livre qu'il publia en 1973, le cardinal-archevêque de Cracovie qualifie Marie à la fois de « Mère et d'Epouse » de l'Eglise[37] dont Jésus est aussi l'époux... Et utilise le mot « Médiatrice » (avec une majuscule) que Pie XII, prudent, refusait d'employer, devant la difficulté d'expliquer que « l'unique » médiateur étant le Christ, la médiation de Marie lui est subordonnée[38]. Le futur Jean-Paul II, dans ce livre, signale bien cette différence, mais, devenu pape, il utilisera le mot « médiatrice » sans marquer de nuances[39]. L'aurait-il pu toujours, dans ses prières, dans ses discours, dans ses homélies ? Assurément non. La doctrine de l'Eglise catholique sur Marie est aujourd'hui d'une telle complexité que le peuple chrétien ne peut s'y reconnaître[40]. Elle tranche avec la clarté du message évangélique. Et la simplicité du personnage.

« On la montre inabordable, mais il faudrait la montrer imitable », disait de Marie une autre jeune femme forte, Thérèse de Lisieux[41]. Et la conférence théologique des femmes asiatiques, en 1987, lui prêtait ces mots : « Que m'avez-vous fait ? Qu'avez-vous fait de moi ? Je ne peux me reconnaître dans la femme que vous voulez que je sois[42]. »

ET MOI, QU'EN AI-JE FAIT ?

« Qu'avez-vous fait de moi ? » Ces mots prêtés à Marie par les femmes d'Asie m'ont poursuivi tout au long de cette difficile recherche.

Et moi, qu'en ai-je fait ?

Je suis tenté de répondre : rien.

Mais je veux être bien compris. Je n'ai pas voulu imaginer, après tant d'autres, ce que j'ignorais. J'ai seulement essayé de la retrouver, de retrouver Marie de Nazareth débarrassée de toutes les images que l'on en a données depuis vingt siècles, de toutes les fleurs sous lesquelles des dévots et des marchands de superstitions l'ont ensevelie. Que d'autres, qui ont aidé à construire cet échafaudage de contradictions où on l'a enfermée, aient été animés d'une piété et d'une foi sincère, j'en suis certain. Mais il s'agit moins, aujourd'hui, d'accumuler les affirmations et les préceptes que de revenir aux sources. Les travaux des chercheurs, que j'ai beaucoup utilisés, y aident.

Les sources sont peu fournies. Un petit filet seulement. L'inconcevable aventure d'une jeune femme juive – presque une gamine, vivant dans un trou perdu, qui donna naissance à Jésus. Un garçon qui allait bouleverser l'histoire du monde et qu'elle enfanta, avec Joseph, jour après jour. Par ses propos, ses sourires, ses remontrances parfois, son enseignement, son exemple comme on ne dit plus, bref, tout ce qu'elle était.

Une femme qui s'interrogea, à coup sûr, comme lui, et plus que lui. Qui lui demanda des explications. Qui lui opposa, comme toutes les mères, son espérance, qui discuta des affirmations ou des attitudes qui la surprenaient, la heurtaient puisqu'il mettait en cause une Loi, ou des applications de cette Loi, qu'elle avait appris à respecter.

Une femme qui s'usa au travail de chaque jour, les mains calleuses, les yeux fatigués, dans l'obscure bâtisse, le dos arrondi par les trop lourdes charges. Qui souriait pourtant, l'espoir au cœur. Qui souffrit pour lui et avec lui, qui craignit et pleura beaucoup. Une mère juive nommée Myriam. Que l'on ne connaît que par lui. Car chaque enfant est un peu un miroir.

C'est clair. La mère de celui-là ne pouvait être qu'une femme d'exception, lumineuse. Mais femme parmi les femmes. Partageant, en tout, la condition humaine. Et allant, avec lui, au bout du voyage.

Ce qui advint alors d'elle, et pour elle, nous l'ignorons. Les Actes des Apôtres, ce texte compliqué qui conte les débuts du christianisme, ne lui consacre, je l'ai dit, qu'une seule ligne. Pour dire qu'après le départ de Jésus elle avait retrouvé ses compagnons et ses enfants. Unis dans la prière. Alors, elle assemblait ses souvenirs, méditait, tissait tous les fils de cette extraordinaire histoire. Son histoire, qui est la nôtre.

Notes

INTRODUCTION

1. Le Nouveau Testament est constitué par les Evangiles de Marc, Matthieu, Luc et Jean, ainsi que par un récit des premiers temps du christianisme appelé Actes des Apôtres, et enfin diverses Epîtres (lettres) adressées à des communautés chrétiennes (ou autres non clairement identifiées) par Paul, Jacques, Pierre, Jean. A quoi s'ajoute un texte de nature différente, l'Apocalypse (ce qui signifie, en grec, « révélation »), chargé de symboles et attribué à Jean, bien qu'il se distingue des autres écrits signés de ce nom par le style, le vocabulaire et certaines réflexions.

Les Evangiles ont des origines communes : les plus évidentes sont les *logia*, recueils de paroles de Jésus destinés à venir en aide aux premiers missionnaires chrétiens. Cela est avéré pour trois d'entre eux, signés Marc, Luc et Matthieu et appelés « synoptiques ».

Ces Evangiles, comme la plupart des textes sacrés, sont divisés en petits paragraphes appelés « versets ». Or, sur les mille soixante-huit versets de l'Evangile de Matthieu, six cents environ sont les mêmes que chez Marc ; sur les mille cent quarante-neuf versets de l'Evangile de Luc, trois cent cinquante sont semblables à ceux de Marc. Matthieu et Luc ont en commun, en outre, deux cent trente-cinq versets. D'où la question : qui a copié qui ? Ou bien se sont-ils référés à des sources communes, les *logia*, un « Evangile primitif », etc. ? On n'entrera pas ici dans les débats très complexes qui opposent sur ce sujet les spécialistes. La plupart d'entre eux croient en l'existence de deux sources principales : Marc et Q (de l'allemand *Quelle* qui signifie justement « source »). Mais il est possible, très probable même, que les documents dont disposaient les rédacteurs aient été plus nombreux.

Si l'on en croit la majorité des exégètes, l'Evangile de Marc aurait été écrit le premier, du moins parmi les textes en grec que l'on connaît (il n'existe aucune version autre que les grecques, mais certains pensent que des textes en araméen, langue de la région, ou en hébreu, les ont précédées). Selon Irénée, un Oriental évêque de Lyon qui joua un grand rôle dans l'histoire des Evangiles, « Marc, disciple et interprète de Pierre, nous transmit lui aussi par écrit ce que prêchait Pierre » (Irénée, « Contre les hérésies », **3**, 1). Un certain Marc est cité à huit reprises dans les Actes des Apôtres ou les Epîtres, parfois en compagnie de Paul ou Pierre, lequel l'appelait « mon fils » dans sa première Epître (**5**,1). La plupart des spécialistes situent son texte entre l'incendie de Rome, en l'an 66, et la destruction du Temple de Jérusalem, en 70. Il serait donc très proche des faits. Il écrit d'une manière vivante et simple, apparemment pour des non-Juifs : il explique en effet les coutumes juives (mais il commet des erreurs à propos de la Galilée) et insiste sur la portée universelle du message de Jésus. Proche, dans le temps, de la mort et de la résurrection de Jésus, ce texte aurait été écrit alors que les premières communautés chrétiennes s'interrogeaient encore sur le sens de ces événements. Le père Marie-Emile Boismard, dominicain, longtemps l'un des grands maîtres de l'Ecole biblique de Jérusalem, a écrit : « Selon l'Evangile de Marc, reflet de la prédication primitive, Jésus n'est pas un Dieu, mais un homme » (Marie-Emile Boismard, *A l'aube du christianisme*, Editions du Cerf, 1998).

Cependant, l'antériorité de l'Evangile de Marc a été remise en question par un autre professeur de l'Ecole biblique, dominicain lui aussi, Etienne Nodet. Dans son livre *Le Fils de Dieu* (Editions du Cerf, 2002), ce spécialiste du judaïsme écrit : « Il est intrinsèquement improbable, sauf preuves très solides jusqu'ici absentes, de considérer Marc comme plus proche des origines que Matthieu et Luc, alors qu'il est manifestement plus éloigné des réalités juives. » A l'inverse, Raymond E. Brown, spécialiste mondialement reconnu, après avoir examiné toutes les thèses en présence (du genre : un tel a copié un tel puisqu'il raconte telle scène comme lui, ou emploie les mêmes expressions), conclut : « L'argument fondamental en faveur de l'antériorité de Marc est qu'elle [cette thèse] résout plus de problèmes que toute autre théorie. » Mais il reste prudent : il est difficile à un auteur d'aujourd'hui, explique-t-il, de doser ses sources pour un livre écrit voici plusieurs décennies ; alors, comment « reconstruire avec précision la façon dont les évangélistes procédèrent » voici dix-neuf siècles ? (Raymond E. Brown, *Que sait-on du Nouveau Testament ?*, Edition originale, Doubleday, 1997 ; édition française, Bayard, 2000.)

La même prudence explique que j'utilise beaucoup le conditionnel dans les paragraphes suivants.

L'Evangile de Matthieu daterait des années 80, en tout cas de la fin du Iᵉʳ siècle. A cette époque, en effet, une vive polémique oppose chrétiens et pharisiens, et l'Evangile signé Matthieu en est l'écho. Pourtant, quelques spécialistes pensent qu'il est antérieur à Marc. C'était l'avis des auteurs religieux des premiers siècles, que l'on appelle les Pères de l'Eglise. Ce qui amène à penser qu'une première rédaction en araméen aurait été « suivie d'une refonte, d'une réécriture en grec » (François Blanchetière, *Enquête sur les racines juives du mouvement chrétien*, Editions du Cerf, 2001). Un trait est évident : Matthieu n'est pas un historien, au sens où nous l'entendons aujourd'hui. Ce Juif, vivant probablement hors de la Palestine (en Syrie), veut convaincre ses frères juifs que Jésus a accompli les promesses de l'Ancien Testament. Très imprégné de culture hébraïque, il cite volontiers les prophètes et utilise fréquemment les symboles juifs.

Son texte se situe dans le cadre d'une polémique qui oppose, après 70, des communautés chrétiennes aux pharisiens (sur ceux-ci, je me permets de renvoyer à mon livre *Jésus*, Flammarion-DDB, 1994). Matthieu veut convaincre qu'en matière de respect de la loi juive, Jésus est plus strict que ceux-ci. Il est le seul des quatre évangélistes à lui attribuer une phrase souvent citée : « N'allez pas croire que je sois venu abolir la Loi ou les Prophètes. Je ne suis pas venu abolir, mais accomplir » (Matthieu **5**, 17). Il est possible aussi que la mention de cette phrase se situe dans le cadre d'un débat entre les premiers chrétiens sur une question capitale : fallait-il accueillir dans leurs communautés des « païens » ne respectant pas la Loi ? C'est ce que suggèrent par exemple Gérard Mordillat et Jérôme Prieur (*Jésus après Jésus*, Le Seuil, 2004) pour qui cette mention vise d'abord « les idées de Paul » ou les pratiques de ses disciples. Mais rien ne l'atteste.

L'Evangile de Luc aurait été écrit, lui, selon plusieurs auteurs du IIe siècle, par un Syrien, originaire d'Antioche, médecin et compagnon de l'apôtre Paul. Mais ce point est contesté aujourd'hui par nombre d'exégètes. Ceux-ci discutent encore, avec la passion habituelle des universitaires, de la date de son Evangile. Entre 75 et 90, les versions diffèrent. Luc déclare, dans son préambule, s'être « soigneusement informé de tout depuis les origines ». Comme il est le seul, avec Matthieu, à évoquer les conditions de la naissance de Jésus, certains, Jean-Paul II notamment, en ont conclu qu'il avait connu Marie personnellement. Mais rien ne permet de l'affirmer, ou même d'en émettre l'hypothèse. Cela paraît en effet difficile, voire impossible : en effet, si Jésus est né, comme le pensent la quasi-totalité des historiens, entre les années – 6 et – 3 de notre ère (voir mon livre *Jésus*, *op. cit.*), la naissance de Marie se situe aux environs de – 20.

En revanche, il existe quelques raisons de penser que Luc a connu le texte de Matthieu. Etienne Nodet, cité ci-dessus, écrit : « Lorsque Luc et Matthieu sont très semblables, Luc dépend de Matthieu car il y a peu de caractéristiques lucaniennes », autrement dit d'expressions propres à cet évangéliste. De même, Pierre Nautin, historien qui fut professeur à l'Ecole des hautes études, jugeait « incontestable » que Luc ait connu l'Evangile de Matthieu et l'ait utilisé « à l'occasion » (*L'Evangile retrouvé*, Editions Beauchesne, 1998).

D'autres auteurs se demandent pourquoi, si Luc a connu le texte de Matthieu, il donne des circonstances de la naissance de Jésus une version différente. Mais Pierre Nautin souligne qu'il a surtout ajouté au récit de Matthieu des épisodes nouveaux qui s'inspirent de la Bible. Par ailleurs, divers spécialistes pensent que le récit de la naissance et de l'enfance, chez Luc, a été écrit ensuite par un autre auteur (voir *infra*, p. 183, n. 7).

Luc, prudent sur les dates et les chiffres (il utilise souvent le mot « environ »), s'adresse surtout à des non-Juifs. Mais il semble avoir rencontré des témoins et se réfère dans sa préface à des auteurs de textes aujourd'hui disparus (**1**, 1-2). Bien des spécialistes font de lui, aussi, l'auteur des Actes des Apôtres, un texte qui raconte les débuts du christianisme. Celui-ci, comme l'Evangile de Luc, est dédié à un certain Théophile. Les similitudes de vocabulaire et de style sont assez nombreuses. Mais la version dont nous disposons pourrait être la troisième, un premier texte datant des années 60, venant d'un autre auteur, ayant servi de document de base à Luc.

Il est possible également qu'il s'agisse d'un assemblage de plusieurs textes. Ce que font supposer notamment des changements de style (voir à ce sujet le livre très détaillé et précis de Marie-Emile Boismard et Arnaud Lamouille, *Les Actes des deux apôtres*, Editions Lecoffre et Gabalda, 1989). Mais D. Marguerat (*La Première Histoire du christianisme*, Editions du Cerf, 1999, rééd. 2003), qui n'ignore pas ces travaux, estime que « Luc [...] a tout réécrit, gommant les repères des documents consultés ».

L'Evangile de Jean est tout différent. D'abord, il semble plus tardif. La version dont nous disposons date des environs de l'an 100. Elle pourrait avoir été précédée de trois autres, la première ayant eu pour auteur, selon certains, l'apôtre Jean lui-même, réécrite ensuite par des disciples (M.E. Boismard, *op. cit.*, et aussi M.E. Boismard et Arnaud Lamouille, *Un Evangile pré-johannique*, Editions Gabalda, 1993).

Le texte signé Jean utilise beaucoup les symboles, mais son apport historique, notamment sur les séjours de Jésus à Jérusalem, est important. Son apport théologique ne l'est pas moins : des quatre Evangiles, il est celui qui souligne le plus nettement la divinité de l'homme Jésus. Enfin, c'est lui qui donne le plus de précisions sur les lieux où celui-ci a agi et prêché.

Il faut signaler qu'ici encore Etienne Nodet (notamment dans son livre *Histoire de Jésus*, Editions du Cerf, 2003) se distingue de la majorité des spécialistes. Il suggère que l'Evangile de Jean est antérieur aux autres, en tout cas pas très éloigné des faits. Parce qu'il est plus précis, justement, sur ceux-ci. Et parce que sa vision du Christ serait plutôt primitive (par exemple : il n'envisage pas de « mission auprès des païens » et il a « une couleur très juive »). Pourtant, l'affirmation de la divinité de Jésus, très forte chez Jean, semble marquer un aboutissement de la réflexion des premiers chrétiens sur le sens de son enseignement, de sa mort et de sa résurrection. Ce qui incline à pencher pour une rédaction plus tardive. Une thèse, répétons-le, adoptée par la très grande majorité des spécialistes.

2. Le père André Sève, religieux assomptionniste, grand fidèle de la Vierge, raconte que, jeune novice, il avait reçu comme pénitence de recopier toutes les paroles de Marie dans les quatre Evangiles.

« Connaissant aussi mal Marie que les Evangiles, écrit-il, je me suis procuré un gros cahier... Où je n'ai pu recopier que six paroles. Vieux religieux, je les transcris avec amour une deuxième fois, pour ce regard sur la Silencieuse :

I. Comment cela se fera-t-il puisque je suis vierge ?

II. Je suis la servante du Seigneur, qu'il me soit fait selon ta parole.

III. Le Magnificat.

IV. Mon enfant, pourquoi nous as-tu fait cela ? Ton père et moi te cherchions, angoissés.

V. Ils n'ont plus de vin.

VI. Faites ce qu'il vous dira » (André Sève, *Marie je te regarde, dix méditations*, Bayard, 1995).

Les deux premières paroles concernent l'Annonciation, la quatrième, l'épisode de l'Enfant Jésus au Temple de Jérusalem, la cinquième et la sixième le miracle de Cana. Quant au Magnificat, il reprend, entre autres, avec quelques modifications (voir *infra*, note 4, p. 179), le Cantique d'action de grâces d'Anne, femme stérile, qui des siècles plus tôt avait obtenu de Dieu d'être enceinte et mit au monde un fils qu'elle appela Samuel (Premier Livre de Samuel **2**, 1-10).

3. Voir *supra*, note 1, p. 171.

4. A propos du livre d'un théologien évoquant la fécondation de Marie, le père H. Rondet écrivait : « Il y a des questions qu'un enfant ne pose pas à sa mère (...), de grâce, que la littérature mariale revienne à la réserve traditionnelle. » (*Recherches de science religieuse*, 53, 1965).

5. « Le Jésus de l'histoire est aussi nécessaire au Christ de la foi que l'air pour respirer, dit Pierre Gibert, jésuite et exégète (*La Croix*, 3 janvier 2003). Dès que l'on croit que Jésus est le Fils de Dieu, c'est-à-dire que Dieu s'est incarné, on ne peut pas s'abstraire du Jésus de l'histoire [...]. Le Jésus de l'histoire ne peut exister sans le Christ de la foi et vice versa. Si on les oppose, c'est tout le dogme chrétien qui s'effondre, car cela reviendrait à nier soit l'humanité, soit la divinité du Christ. » Dans le même sens, Daniel Marguerat, exégète, professeur à l'université de Lausanne, écrit que renoncer « à la quête » du Jésus de l'Histoire fait courir le risque « d'esquiver la totale humanité de Jésus » (« La troisième quête du Jésus de l'Histoire », in *Le Cas Jésus-Christ*, coll. sous la direction de P. Gibert et Christoph Theobald, Bayard, 2003).

1

1. Ces critères sont notamment évoqués dans *Introduction à la Bible* d'A. George et P. Grelot, tome III, vol. 5, Desclée, 1977.

2. « Homélie 1 sur Luc ».

3. Le nom de « protévangile » fut donné à ce texte, au XVIe siècle, lors de sa première publication en Occident par le jésuite français Guillaume Postel. Il en existait auparavant de très nombreuses versions, grecque, slave, syriaque,

latine, arabe, et même irlandaise. Le préfixe « prot » signifie ici que l'auteur entend relater des événements antérieurs à ceux que décrivent les Evangiles canoniques. On pense que cet auteur était originaire d'Egypte ou d'Asie Mineure, non-juif en tout cas, car il paraît peu informé des coutumes juives, bien qu'il se réfère souvent à la Bible. Ainsi parle-t-il d'une fête appelée « le grand jour du Seigneur » lors de laquelle « les fils d'Israël apportaient leurs présents », formule bien vague qui peut se rapporter à diverses cérémonies. De même, ses indications géographiques posent problème. On peut trouver l'intégralité de ce texte dans *Ecrits apocryphes chrétiens*, La Pléiade, Gallimard, 1998.

4. R.M. Rilke, *La Vie de la Vierge Marie* dans l'édition de la Pléiade de ses *Œuvres poétiques et théâtrales*, Gallimard.

5. France Quéré, *Marie*, Desclée de Brouwer, 1996.

2

1. Jean Daniélou, *L'Eglise des apôtres*, Le Seuil, 1970. C'est moi qui souligne.

2. Voir notamment le commentaire de ce passage par l'Ecole biblique de Jérusalem, dans la Bible dite « de Jérusalem », Editions du Cerf.

3. Gabriel dit à Zacharie : « Ta prière a été entendue » (Luc **1**, 13), comme il avait dit à Daniel : « Tes paroles ont été entendues. » Il se présente ainsi au vieil époux d'Elisabeth : « Je suis envoyé pour te parler » (**1**, 19), et il avait dit à Daniel : « J'ai été envoyé vers toi. » Daniel raconte : « Je fus sans parole. Mais il toucha mes lèvres, j'ouvris la bouche et je parlai. » De la même manière,

Zacharie est réduit au silence (du coup, ceux qui le voient comprennent qu'il a eu une vision), mais quand son fils fut nommé, « sa bouche s'ouvrit et il parlait ».

4. « Mon âme exalte le Seigneur » du Magnificat est la reproduction presque littérale d'un verset de ce cantique. Anne, ayant beaucoup prié Dieu pour avoir enfin un enfant, et ayant été exaucée, pria ainsi : « Mon cœur exulte en Yahvé » (Premier Livre de Samuel **2**, 1).

Mais d'autres versets du Magnificat ont des origines diverses :

« Mon esprit tressaille de joie en Dieu mon sauveur ! » rappelle le prophète Habaquq : « J'exulte de joie en Dieu mon sauveur » (Ha, **3**, 18).

« Sa miséricorde s'étend d'âge en âge sur ceux qui la craignent » rejoint le psaume 103 : « L'amour de Yahvé pour qui le craint est de toujours à toujours. » Le verset 9 du psaume 107 : « Il rassasia l'âme avide, l'âme affamée, il la combla de biens », a inspiré le verset 53 du Magnificat, « Il a rassasié de biens les affamés » ; mais Luc a ajouté « et renvoyé les riches les mains vides ». Enfin, « Il a renversé les potentats de leurs trônes et élevé les humbles » rappelle à la fois le Livre V de Job et le verset 19 du Livre XII : « Il fait marcher nu-pieds les prêtres et renverse les puissances établies. »

5. Je me permets de renvoyer, sur ce point, à mon livre *Jésus*, *op. cit.*

6. Pour se purifier après la naissance, toute mère doit amener à l'entrée du Temple un agneau mâle qui sera entièrement brûlé sur l'autel (ce qui n'est pas le cas lors des pèlerinages habituels) et une colombe ou une tourterelle dont la tête sera tranchée. Les pauvres peuvent remplacer l'agneau par un oiseau.

7. Dans ce texte, Anne, mère de Marie, fait de la chambre de celle-ci, âgée de six mois, un sanctuaire et ne la laisse jamais toucher « à rien de profane ou d'impur ».

A trois ans, ses parents l'emmènent au Temple où elle va désormais demeurer et recevoir « sa nourriture de la main d'un ange ». On finit cependant par lui donner un mari, Joseph, choisi parmi des vieillards par une colombe, symbole de pureté. Et un prêtre prend soin d'expliquer à Joseph : « C'est toi qui prendras en garde la vierge du Seigneur. » Pas question qu'elle change de statut. Enfin, quand l'Ange lui annonce qu'elle va être mère, Marie est « jetée dans le désarroi ». Elle accouche en l'absence de Joseph. Des miracles sont nécessaires pour prouver au grand prêtre – lequel se montre furieux et soupçonneux – qu'elle est néanmoins toujours vierge. Et ainsi de suite. Bref, l'obsession de la chair – impure par principe – est si présente dans le protévangile de Jacques que Marie n'a plus de corps, elle est devenue tabernacle.

8. Il a souligné, dans une audience publique du 31 janvier 1996, que « la tradition juive ne proposait pas l'idéal de la virginité perpétuelle » (*Documentation catholique*, n° 2133, 3 mars 1996).

9. Audience du 10 juillet 1996 (*Documentation catholique*, n° 2143, 18 août 1996).

10. Audience du 4 avril 1990 (*Documentation catholique*, n° 2006, 20 mai 1990) : « Marie affirme sa propre virginité ; non seulement comme un fait mais aussi, implicitement, comme un dessein. »

11. Audience du 4 avril 1990 (*Documentation catholique*, n° 2006, 20 mai 1990).

12. Il faut redire ici que le mariage juif, alors, se pratique en deux temps : l'engagement réciproque d'abord, une sorte de contrat qui fixe, entre autres, les arrangements financiers, puis l'entrée de la jeune fille dans la maison de son époux, dans la chambre nuptiale. Entre les deux, un délai variable. Mais la fiancée est déjà considérée comme mariée et commettrait un véritable adultère si elle avait une aventure avec un autre homme.

13. Sally Cunneen, *A la recherche de Marie*, édition américaine, Ballantine Publishing, 1996. Edition française, Desclée de Brouwer, 1998.

14. Il est vrai que saint Paul semble avoir revendiqué à peu près le même statut particulier, à en juger par ce qu'il écrivit aux Galates (descendants de Celtes qui s'étaient installés dans l'actuelle Turquie). Il parle de Dieu comme « Celui qui *dès le sein maternel m'a mis à part* et appelé par sa grâce daigna révéler en moi son fils » (Galates **1**, 13-14). Cependant, Paul, parlant de lui, joue toujours sur deux tableaux afin de montrer qu'il n'est rien – un « avorton » (1 Cor. **15**, 8) – mais que la grâce de Dieu lui donne autorité. Dans le même texte, il le souligne : « C'est par la grâce de Dieu que je suis ce que je suis » (1 Cor. **15**, 10). Et, comme la modestie n'est pas toujours sa qualité première, il ajoute aussitôt : « J'ai travaillé plus qu'eux tous » (les apôtres).

15. Ce qui faisait écrire à Julien Green : « Les théologiens ont ceci en commun de n'être ni simples ni clairs ; ils nagent dans les abstractions où se noient les questions essentielles de la foi. Que de mots, de subtilités, de détours chez ces Byzantins... Pour cacher quoi ? » (*En avant par-dessus les tombes, Journal 1966-1997*, Fayard, 2001).

3

1. Voir sur ce point Joseph Moingt, *L'Homme qui venait de Dieu*, Editions du Cerf, 1993.

2. Charles Perrot, « Annonce à Joseph – Annonce à Marie », in *Cahiers Evangile*, n° 18, novembre 1976, Editions du Cerf.

3. Ernest Renan, *Vie de Jésus*, rééd. Arléa, 1992.

4. Je me permets à nouveau de renvoyer sur ce point à mon livre *Jésus*, *op. cit.*

5. Raymond E. Brown, déjà cité (voir *supra*, note 1, p. 173), le démontre dans *The Birth of the Messiah*, Editions Doubleday, 1981.

6. Il écrit :

Et toi Bethléem, terre de Juda,
Tu n'es nullement le moindre des clans de Juda ;
Car de toi sortira un chef
qui sera pasteur de mon peuple Israël (2, 6).

7. Voir sur ce point France Quéré, *Jésus enfant*, chapitre « Les généalogies », Editions Desclée, 1992.

Il n'est pas certain que la généalogie attribuée à Luc soit du même auteur que son Evangile. Elle est en effet curieusement placée – comme un ajout – entre le récit du baptême de Jésus dans les eaux du Jourdain et celui des tentations qu'il subit au désert, alors qu'on l'attendrait au début de l'Evangile. Comme l'a fait Matthieu.

8. L'exemple de Rahab, plutôt ignorée de l'Ancien Testament, semble avoir joué un rôle dans la prédication de l'Eglise primitive, si l'on se réfère à l'Epître aux Hébreux et à celle de Jacques. L'un des grands problèmes de l'époque, on le sait, était l'entrée des non-Juifs, donc des « païens », dans cette Eglise. Rahab, païenne, préfigurait donc cette entrée. C'est sans doute l'une des raisons de Matthieu pour la « sortir du placard » où l'Ancien Testament l'avait laissée.

9. Krister Stendhal : « Quis et unde », in *Meanings : the Bible as Document and as Guide*, Editions Fortress Press, Philadelphie, 1984.

10. La « pirouette » de Matthieu pose une autre question : sur l'identité de l'auteur de cette généalogie et, plus généralement, du récit des songes de Joseph. Comme nous

l'avons déjà vu, on considère généralement que l'auteur de l'Evangile signé Matthieu était un Juif, écrivant pour les Juifs afin de les convaincre que l'événement-Jésus correspondait aux annonces des prophètes. Or, ce texte se réfère à un verset de la prophétie d'Isaïe (**7**, 14) : « Voici que la Vierge concevra et enfantera un fils qu'on appellera Emmanuel, ce qui signifie "Dieu avec nous " » (Matthieu **1**, 23). Seulement voilà : le terme « vierge », repris par Matthieu, ne se trouvait que dans la traduction grecque de la Bible (traduction dite des Septante), antérieure à Jésus. En hébreu, on disait *almah* (« jeune femme ») et non *bethad* (« vierge »). Une erreur s'était donc glissée dans cette traduction. Les traductions suivantes, postérieures à Jésus, la rectifièrent, dès les premiers siècles : *parthenos* (« vierge ») fut remplacé par *néanis* (« jeune fille »). Quant à l'appellation Emmanuel, elle ne signifiait pas, pour les Juifs, l'incarnation de Dieu, mais sa promesse de venir en aide à Israël. Pour ces deux raisons, ce texte ne pouvait convaincre des Juifs.

Géza Vermès, exégète mondialement reconnu, conclut :

« En langage clair, la généalogie de Matthieu et le récit de la naissance de Jésus, né d'une vierge, véhiculent une représentation de ce dernier qui ne pouvait être destinée qu'à une Eglise de culture grecque » (Géza Vermès, édition originale anglaise *The Changing Face of Jesus*, 2000, traduction française, *Enquête sur l'identité de Jésus*, Bayard, 2003). Donc, si l'on maintient que Matthieu, comme le pensent la quasi-unanimité des spécialistes, était un Juif écrivant pour des Juifs, il est permis de s'interroger sur toute cette partie. Certains estiment qu'il s'agit d'un ajout. Mais on peut penser aussi que Matthieu, vivant hors de Palestine, était justement imprégné de culture grecque.

11. Pour Matthieu, on l'a dit, Joseph et Marie vivaient à Bethléem avant la naissance. Pour Luc, ils s'y rendent à la suite d'un recensement ordonné par les Romains alors qu'ils sont encore « fiancés ».

12. Quelques traductions disent : « Comme il réfléchissait, l'Ange du Seigneur lui apparut en songe », ce qui est pour le moins contradictoire : s'il réfléchit, il ne dort pas, et s'il dort, il ne réfléchit pas.

13. L'épisode de la fuite en Egypte, où notre Joseph joue le premier rôle, constitue, par bien des aspects, un parallèle de l'histoire de cet autre Joseph.

14. Je me permets de renvoyer, sur cette question de la rédemption, à mon livre *Le Dieu de Jésus*, Grasset-DDB, 1997.

4

1. Selon Raymond E. Brown, déjà cité (voir *supra*, note 1, p. 173), l'Evangile de Luc date de 85, « à cinq ou dix ans près ».

2. Raymond E. Brown, *op. cit.* Voir aussi *supra*, note 10, p. 183.

3. Charles Perrot : « Les récits de l'enfance de Jésus » in *Cahiers Evangile*, n° 18, novembre 1976, Editions du Cerf.

4. Charles Perrot, dans *Jésus et l'Histoire*, Editions Desclée, 1979, parle à propos des circonstances de la naissance d'une « indication tardive du récit matthéen » (p. 76).

5. Il existe, certes, un texte d'Isaïe (53, 6-10) qui évoque le « Serviteur souffrant » : « Le Seigneur a fait retomber sur lui la perversité de nous tous. Brutalisé, humilié, il n'ouvre pas la bouche, comme un agneau traîné à l'abattoir. » Mais, pour la tradition juive, ce poème mettait en scène l'Israël fidèle, broyé par l'exil en Mésopotamie et qui serait bientôt exalté, libéré, par la victoire de

Cyrus sur le dernier monarque babylonien, Nabonide (la victoire de Cyrus et ce texte sont de la même époque).

Après le départ de Jésus, les premiers chrétiens ne se référeront pas à ce texte, mais, par la suite, ils en feront un grand usage, le présentant comme une annonce de la vie, de la mort et de la résurrection du Christ.

6. L'exégète allemand Jürgen Moltmann qui qualifie les récits d'annonce à Marie et à Joseph de « légendes » écrit : « Les récits relatifs à la naissance représentent des rétro-projections secondaires des expériences des témoins de Pâques concernant le Christ ressuscité et présent dans l'Esprit, car elles transposent au commencement du Christ, avant la naissance, cela même qui est devenu manifeste dans celui qui est ressuscité et présent dans l'Esprit. » Fort heureusement, il explique lui-même, presque aussitôt, cette phrase un peu obscure, en montrant la logique du raisonnement qui aboutit à l'idée de conception virginale : « Si le Christ est monté au ciel, il faut qu'il soit descendu du ciel ; s'il est présent dans l'Esprit de Dieu qui donne vie (1 Corinthiens, **15**, 45) alors il doit déjà être venu à la vie de "cet Esprit de Dieu". » (*Jésus, le Messie de Dieu*, Editions du Cerf, 1993).

7. Jean-Marc Moschetta, *Jésus, fils de Joseph*, Editions de l'Harmattan, Paris, 2002. L'auteur est un scientifique, spécialiste de la mécanique des fluides. Il a soutenu en 2000 un mémoire de maîtrise de théologie sur la conception virginale de Jésus à la faculté de théologie de Toulouse. Il avait travaillé notamment avec un exégète reconnu, le père Simon Légasse. Comme l'écrit dans sa préface le père dominicain Jean-Michel Maldamé, membre de l'Académie pontificale des sciences, « on ne peut qu'admirer la manière précise et nuancée avec laquelle Jean-Marc Moschetta procède. Il n'affirme rien qu'il n'ait vérifié ; il ne laisse dans l'ombre aucune proposition concernant le sujet. Il distingue soigneusement les points

en discussion montrant les spécificités du langage théologique et du langage scientifique [...]. Il le fait avec clarté et dans un courageux franc-parler ».

Au terme de cette longue et précise étude, Jean-Marc Moschetta conclut que l'on ne peut plus croire à « l'absence de père humain de Jésus » et que « la place décisive du Saint-Esprit est autre ». « Il serait étrange, écrit-il, de maintenir la doctrine dans des termes identiques à ceux d'autrefois, sinon pour ne pas heurter de front la piété populaire au sujet de Marie. » Ce qui est, en effet, la vraie question. Pour des raisons peut-être plus pratiques qu'idéologiques ou religieuses, le livre de Jean-Marc Moschetta, pourtant capital, a été peu remarqué.

8. Eugen Drewermann, *De la naissance des dieux à la naissance du Christ*, traduction française, Le Seuil, 1992.

9. Cet article, publié en 1981 à Darmstdat, est cité par Hans Küng dans son livre *Credo*, 1992, traduction française, Le Seuil, 1996.

10. Charles Perrot, « Les récits d'enfance dans la haggada antérieure au IIe siècle de notre ère », *Recherches de science religieuse*, volume 55, 1967.

11. Marc Philonenko, *Les Interpolations chrétiennes des testaments des douze patriarches et les manuscrits de Qumrân*, Paris, 1960.

12. Josy Eisenberg, *La Femme au temps de la Bible*, Editions Stock, 1993.

13. Pour discréditer les premières communautés chrétiennes, des rumeurs circulaient dans Jérusalem selon lesquelles Marie aurait été la maîtresse d'un légionnaire romain nommé Panthera, dont Jésus serait le fils. Voir mon livre *Jésus*, *op. cit.*, et aussi Christian Makarian, *Marie*, Desclée de Brouwer, 1995.

14. *Op. cit.*, pp. 652-653.

15. Dans l'Evangile de Jean (**1**, 32), Jean-Baptiste raconte que, lors du baptême de Jésus, auquel il a procédé

dans les eaux du Jourdain, il a vu l'Esprit « telle une colombe, descendre du ciel et demeurer sur lui ». Si bien que de multiples tableaux, vitraux, retables, ont représenté l'Esprit-Saint comme une colombe.

16. Cité par J.-M. Moschetta, *op. cit.*

17. M.E. Boismard, « L'Evangile de l'Enfance (Luc 1-2) selon le proto-Luc », *Etudes bibliques*, n° 35, 1997. Rappelons que « proto » signifie « avant » et qu'il s'agit donc d'une première version de Luc qui n'est pas connue. Dans son livre déjà cité, *A l'aube du christianisme*, Boismard conclut : « Luc lui-même pensait que Jésus avait été conçu, comme tous les humains, sans une intervention miraculeuse de l'Esprit-Saint. »

18. Voir sur ce sujet le livre déjà cité du scientifique-théologien J.-M. Moschetta qui explique clairement les données de l'embryologie et de la génétique modernes.

19. Voir Michel Henry, *Incarnation, une philosophie de la chair*, Le Seuil, 2000.

20. Il écrit : « On voit mal qu'elles [ces paroles] aient été placées là si elles étaient totalement erronées. L'intention est manifestement d'identifier Jésus comme le fils de Joseph [...] puis de le désigner comme le Messie dont ont parlé Moïse et les prophètes, comme le Fils de Dieu, le roi d'Israël » (C.H. Dodd, *L'Interprétation du quatrième Evangile*, Edition française au Cerf, 1975).

21. Joseph Ratzinger, *Foi chrétienne hier et aujourd'hui*, traduction française aux Editions Mame, 1969.

22. Urs von Balthasar, *Je crois, explication des symboles des apôtres*, Lethielleux, 1978.

23. Il a écrit qu'il existait « une correspondance profonde » entre l'unité de Jésus « avec le Fils éternel du Père éternel » et « l'absence de père terrestre de l'homme-Jésus ». Cité par H. Urs von Balthazar (*op. cit.*). Mais dans un livre d'entretiens (postérieur) avec V. Messori (*Entretien sur la foi*, Fayard, 1985), Joseph Ratzinger a estimé

que « maternité et virginité sont les deux plus hautes valeurs dans lesquelles [la femme réalise] sa vocation la plus profonde » (p. 114). Il met donc ces valeurs au même niveau. De même, Jean-Paul II (audience du 14 avril 1982).

24. Cité par Bernard Sesboüé, *Croire*, Editions Droguet et Ardant, 1999.

25. Christian Makarian, *op. cit.*

26. François-Xavier Durwell, *Jésus, Fils de Dieu dans l'Esprit-Saint*, Desclée, 1997.

27. *Op. cit.*

28. Eugen Drewermann écrit : « Celui qui dirait que la virginité de Marie n'est qu'un symbole susciterait chez la majorité de ses auditeurs l'idée qu'il ne s'agit là que de quelque chose d'imaginaire, de subjectif, donc d'irréel. Nous devons réapprendre que les symboles transmettent une réalité qu'on ne saurait traduire dans un autre langage que le leur, qu'il y a des vérités inexprimables sinon sous forme de mythes, de sagas, de contes. » E. Drewerman, *La Parole qui guérit*, Editions du Cerf, 1991.

5

1. Il existait, semble-t-il, en Orient, dès la fin du Ier siècle, une sorte de livre de prières, composé aussi d'hymnes. Il est possible qu'y ait figuré un texte longtemps ignoré, *Les Odes de Salomon*, retrouvé au début du XXe siècle, qui cite Marie : « Elle enfanta comme un homme fort en proie au désir, elle endura conformément à la manifestation et acquit un grand pouvoir. » On y trouve aussi une allusion à une « Vierge parfaite qui prêche,

appelle et dit : “Fils d’hommes, convertissez-vous” » (voir *Ecrits apocryphes chrétiens*, *op. cit.*).

2. Ses Apologies I et II sont publiées aux Editions Wartelle, 1987.

3. Cornelius Castoriadis va jusqu’à écrire : « Le premier christianisme [...] est dans la filiation directe du stoïcisme », *La Montée de l’insignifiance*, Le Seuil, 1996.

4. Sur les diverses possibilités d’erreurs de cette traduction, voir J.-M. Moschetta, *op. cit.*

5. Dialogue avec Tryphon. Cité par Hilda Graef, *Mary : A History of Doctrine and Devotion*, Christian Classics, Westminster, 1985.

Les apocryphes vont multiplier ces oppositions entre Eve et Marie. Par exemple *Les Interrogations du saint Apôtre Barthélemy*, un texte qui date du IIIe ou IVe siècle et qui semble avoir été écrit en Egypte. De manière assez originale, il expose les réponses de Jésus aux questions des apôtres qui l’interrogent après sa résurrection. Apparemment, ils sont passionnés par Marie, présente elle aussi. Ils veulent savoir comment « elle a conçu le Seigneur, l’a enfanté, et a porté celui qui ne peut l’être ». Une question délicate, bien sûr.

Les apôtres font donc assaut de politesse pour savoir qui osera la poser. Finalement Barthélemy se dévoue. Marie commence par refuser. Après diverses péripéties surprenantes, elle finit par expliquer qu’un jour, au Temple de Jérusalem, elle fut « purifiée par une nuée chargée de rosée » et qu’un mystérieux interlocuteur lui annonça : « Encore trois ans et je t’enverrai mon Verbe et tu concevras un fils et par lui toute la création sera sauvée ; toi, *tu seras le salut du monde.* » L’idée que Marie est rédemptrice autant que Jésus apparaît ici clairement (bien entendu, c’est moi qui ai souligné). Dans le même texte survient Satan, qui se lamente : « Malheur à moi ! Parce que j’en ai vaincu beaucoup par une vierge, moi-même j’ai été vaincu par une vierge, et enchaîné de liens de feu et lié par le fils d’une vierge, et je souffre atrocement ! Ô virginité qui m'est toujours opposée ! » (cité dans *Maria, Etudes sur la Sainte Vierge*, tome VI, Editions Beauchesne, 1961).

Le parallèle Eve-Marie aboutit ici à surévaluer le rôle de Marie. Jésus n'est plus que « le fils d'une vierge », et c'est elle qui a vaincu Satan, sauvé le monde. Par la suite, d'ailleurs, bien des tableaux ou des statues la représenteront écrasant sous ses pieds le serpent Satan.

6. Les Evangiles, quelque peu marqués pourtant de misogynie, citent les femmes qui l'accompagnaient, notamment Marie-Madeleine. Dès le IIe siècle, le rôle de ces femmes va être gommé. En témoigne un apocryphe, *L'Evangile de Marie* (c'est de Marie-Madeleine qu'il s'agit cette fois), un papyrus dit « de Berlin », acquis au Caire à la fin du XIXe siècle. Il s'agit d'un texte copte dans lequel Marie-Madeleine cite des paroles de Jésus. Alors, André, un des apôtres, s'énerve et prend à témoin ses compagnons : « Dites, que pensez-vous de ce qu'elle vient de raconter ? Pour ma part, je ne crois pas que l'Enseigneur [Jésus] ait parlé ainsi ; ces pensées diffèrent de celles que nous avons connues. » Et l'apôtre Pierre entame la même antienne : « Est-il possible que l'Enseigneur se soit entretenu ainsi, avec une femme, sur des secrets que nous, nous ignorons ? Devons-nous changer nos habitudes, écouter tous cette femme ? L'a-t-il vraiment choisie et préférée à nous ? » Sans commentaires.

Avant même les Evangiles, Paul, citant ceux qui avaient bénéficié d'une apparition de Jésus ressuscité, a tout simplement oublié Marie-Madeleine alors qu'elle fut la première selon Marc et Jean, parmi les premières selon Matthieu et Luc.

7. L'Américaine Elisabeth Schüssler Fiorenza, spécialiste du Nouveau Testament, souligne combien les femmes étaient présentes dans les premières communautés chrétiennes : « Elles se recrutaient [...] parmi les démunies, les gens des campagnes qui ployaient sous le fardeau. C'étaient des collectrices d'impôts, des pécheresses, des

enfants, des femmes vivant de la pêche, des ménagères qui avaient été guéries de leurs infirmités ou libérées de leurs esprits mauvais [...] Elles étaient celles qui n'avaient pas d'avenir, mais elles avaient maintenant une espérance ; elles étaient les "rejetées", les marginales de la société, mais elles avaient maintenant une communauté » (*En mémoire d'elle. Essai de reconstruction des origines chrétiennes selon la théologie féministe*, Editions du Cerf, 1996).

D'autres femmes étaient d'origine plus aisée, comme Phoebé ou Junia (citées par Paul dans l'Epître aux Romains **16**, 1-16), celle-ci étant même qualifiée « d'apôtre éminent ». Mais cette situation n'allait guère se prolonger. Sur la place que les femmes ont tenue dans les développements de l'Eglise aux premiers siècles et la manière dont elles ont été peu à peu écartées, voir la première partie du livre de Hans Küng, *Le Christianisme*, édition française au Seuil, 1999, et aussi Alexandre Faivre, *Les Laïcs aux origines de l'Eglise*, Editions du Centurion, 1984.

8. Carol L. Meyer, *Discovering Eve : Ancien Israelite Women in context*, Oxford University Press, 1988.

9. Cité par Sally Cunneen, *op. cit.*

10. *Ecrits apocryphes chrétiens*, *op. cit.*

11. Il interpelle ainsi Marcion : « Allons, pérore maintenant sur cette ordure qu'ont mise dans le ventre les éléments génitaux, sur ces hideux caillots de sang et d'eau, sur cette chair qui doit, pendant neuf mois, tirer sa nourriture de ce fumier [...]. Déchaîne-toi maintenant contre les organes indécents de la femme en travail, qui l'honorent cependant par le danger qu'elle court et qui sont naturellement sacrés [...]. Et comment es-tu né ? Tu hais la naissance de l'homme [...]. Le Christ, au moins, aima cet homme, ce caillot formé dans le sein parmi les organes honteux » (« La chair du Christ », **4**, 1-3).

12. « La chair du Christ », **17**, 5-6.

13. *Id.*, **23**. C'est moi qui souligne.

14. « D'où vient, demandait-il, que Marie soit la mère du Christ, si ce n'est parce qu'elle a donné naissance aux membres du Christ ? » (Cité par Hilda Graef, *op. cit.*).

15. Notamment parce qu'il pensait que, Dieu étant infiniment bon, Satan pouvait être racheté.

16. H. Bourgeois, B. Sesboüé et P. Tihon, *Les Signes du salut*, collection « Histoire des dogmes », Desclée, 1995.

17. Constitution apostolique « Lumen Gentium », 57.

18. *Documentation catholique* n° 1346, 1961.

19. Origène soutenait aussi que deux créations s'étaient suivies. La première était bonne. L'homme ayant péché, elle fut détériorée. Dieu, dans sa bonté, recommença mais la deuxième fut moins parfaite que la précédente. L'être humain n'était pas doté de sexualité dans la première création, mais le fait qu'il en fût doté dans la seconde était le signe de la dégradation de l'une à l'autre.

20. André Hamman, *La Vie quotidienne des chrétiens aux premiers siècles*, Hachette, 1971.

21. Clément d'Alexandrie, *Le Pédagogue*, Collection « Sources chrétiennes », Editions du Cerf.

22. Cité par Peter Brown dans *The Body and Society Men, Women and Sexual Renonciation in Early Christianity*, Columbia university press, New York, 1988.

23. Les coptes sont des chrétiens d'Egypte et d'Ethiopie.

24. Cité par Hilda Graef, *op. cit.*

25. « De perpetua virginitate Beatae Mariae, adversus Helvidius ».

26. « Libellus de Custodia virginitatis ».

27. Luciano de Crescenzo, *Les Grands Philosophes du Moyen Age*, Ed. Mondadori, Milan, 2002. Traduction française, Editions de Fallois, 2003.

28. Il s'agit du chapitre 16 (« Histoire symbolique d'Israël », selon les commentaires de la Bible de Jérusalem)

dans lequel Israël, épouse infidèle de Yahvé, est comparée à une prostituée « toute nue », payant ses amants tant elle est pervertie. Et aussi du chapitre 23 : cette fois, deux sœurs, Ohola et Oholiba, également prostituées, se laissent caresser « le sein virginal », dévoilent leur nudité, multiplient les aventures amoureuses. On s'interroge sur le sens exact de ce texte-ci. Peut-être une histoire symbolique de Jérusalem et de la Samarie ?

29. Alexandre Faivre, *op. cit.*, et aussi R. Gryson, « Dix ans de recherches sur les origines du célibat ecclésiastique », *Revue théologique de Louvain*, n° 11, 1980.

30. « La Genèse au sens littéral », **9**, 9.

31. « Sur le voile des vierges », **9**, 1.

32. A. Faivre, *op. cit.*

6

1. A la suite de mon livre *Jésus*, déjà cité, où je me prononçais sur ce sujet, j'ai reçu une avalanche de lettres qui le contestaient, et, dans la plupart des réunions auxquelles j'ai été invité à participer par la suite, des questions m'ont été posées, ou des objections opposées, à ce propos. De même, le journal *La Croix* ayant publié dans sa rubrique « courrier » une lettre d'un lecteur, M. Val Trentew, qui évoquait l'existence des frères et sœurs de Jésus, reçut bien des lettres de protestation. Les arguments opposés par les lecteurs indignés (voir *La Croix* du 13 janvier 2003) peuvent se résumer ainsi :

— « L'affirmation "Marie toujours Vierge", n'est probablement pas compréhensible pour le commun des mortels. Mais tous ceux qui ont fait le choix de se consacrer corps et âme à Dieu depuis vingt siècles le comprennent, et ils sont nombreux ceux qui ont fait ce choix par amour. » Or, contrairement à ce qu'écrit ce lecteur, la consécration « corps et âme » depuis vingt siècles – allusion évidente à la vie religieuse – ne correspond pas à la vérité historique, celle-ci n'existant pas aux origines du christianisme, même si certains premiers chrétiens, on l'a vu, ont décidé assez rapidement de choisir le célibat. Mais, dans ce même courrier, l'argument revient : si Marie n'a pas été « toujours vierge », alors que dire à « des milliers de consacrées » qui l'ont imitée ? Autrement dit, parce que l'on a cru à une vérité depuis des siècles, et si des dizaines de milliers de femmes ont vécu en conséquence avec foi et dignité, il faut tenir encore cette affirmation pour assurée même si elle ne l'est pas.

— Si l'on admet, disent d'autres lecteurs, que Marie n'a pas été « toujours vierge », il faut admettre que « les papes infaillibles se seraient tout simplement trompés », les conciles aussi. Or, l'infaillibilité pontificale pose un autre problème, que je n'aborderai pas ici. Elle n'a été définie qu'au XIXe siècle, dans des conditions très strictes. Nous les évoquerons à propos des dogmes mariaux récents, qui ne concernent pas, d'ailleurs, la virginité perpétuelle. En ce qui concerne les conciles, il faut souligner ce qu'a dit Vatican II (Décret Unitatis Redintegratio, 11). Ce décret demande aux théologiens catholiques de se souvenir « qu'il y a un ordre ou une "hiérarchie" des vérités de la doctrine catholique, en raison de leur rapport différent avec le fondement de la foi chrétienne ». Rappelant ce texte, le père jésuite Bernard Sesboüé (*op. cit.*, p. 115), qui s'en tient à la doctrine traditionnelle, indique que « la virginité perpétuelle de Marie n'a ni la même place ni le même enjeu que la conception virginale de Jésus ». Elle n'a jamais été proclamée par l'Eglise de façon dite « infaillible ».

— Enfin, le protévangile de Jacques est cité pour souligner que la virginité perpétuelle de Marie est « admise depuis le IIe siècle ». Ce qui est, historiquement, faux, puisque Tertullien, et d'autres après lui, n'y croiront pas. Mais le rappel de ce protévangile par les mêmes lecteurs de *La Croix* souligne l'influence des apocryphes, aujourd'hui encore.

2. Quand Jean parle des « Juifs », il ne vise pas, semble-t-il, le peuple dans son entier, mais les ennemis de Jésus.

3. Des fragments grecs de cet Evangile avaient été découverts à la fin du XIXe siècle. C'est le texte copte, retrouvé après la Deuxième Guerre mondiale, publié en 1959 et aussitôt traduit en plusieurs langues, qui a fait la célébrité de ce texte, composé essentiellement de paroles prêtées à Jésus. On le date généralement de la première moitié du IIe siècle.

4. « Ecrits apocryphes chrétiens », *op. cit.*

5. Notamment dans *L'Epître apocryphe de Jacques*, texte copte du IIe siècle, et dans *La Dormition de Marie du pseudo-Jean*, texte datant du Ve ou VIe siècle, selon lequel le corps de Marie a été transféré au paradis après sa mort. Ce qui eut une influence considérable sur l'iconographie mariale et entraîna, en fin de compte, la proclamation du dogme de l'assomption (voir chapitre 10). Une *Histoire de l'enfance de Jésus*, du IIIe siècle, riche en épisodes miraculeux, désigne Joseph comme son père et cite Jacques comme son frère. L'Evangile dit « des Hébreux », composé en grec au IIe siècle, raconte que Jésus, ressuscité, « prit du pain, le bénit, le rompit » et le donna à « Jacques le Juste » en disant : « Mon frère, mange ton pain puisque le Fils de l'homme est ressuscité de ceux qui dorment » (ce texte était connu de Jérôme qui le cite dans « Les Hommes illustres, II »). On trouve aussi trace de Jacques dans *La Doctrine de l'apôtre Addai*, texte syriaque du IIIe siècle, dans *L'Epître de Pierre à Jacques*, *L'Epître de Clément*

à Jacques, *L'Eloge de Jean-Baptiste* (un panégyrique prétendument attribué à Jean Chrysostome, postérieur au VIe siècle). La plupart de ces textes ont été publiés dans la collection La Pléiade (voir *supra*, note 4, p. 196).

Un autre texte, les *Reconnaissances pseudo-clémentines* (IIIe-IVe siècles), qui raconte la conversion de Clément de Rome, d'où son nom, et les voyages de celui-ci avec Pierre, qualifie Jacques « d'Evêque des Evêques ».

6. *Op. cit.*, p. 345.

7. Jean Daniélou, *L'Eglise des premiers temps*, Collection « Points », Le Seuil, 1985.

8. François Blanchetière, *Enquête sur les racines juives du mouvement chrétien*, Editions du Cerf, 2001, pp. 192-193.

9. On lira avec intérêt sur ce sujet le livre, d'une rare précision et d'un total sérieux, de Jean Gilles, *Les Frères et sœurs de Jésus*, Editions Aubier, 1979, qui fut assez peu remarqué.

10. Mais il n'a pas été adressé au principal intéressé, moi, qui en ai eu connaissance d'abord par la presse...

11. M. J. Lagrange, *Saint Paul, Epître aux Galates*, Paris, 1950, et Maurice Sartre, *L'Orient romain*, Le Seuil, 1991.

12. François Refoulé, *Les Frères et sœurs de Jésus*, Desclée de Brouwer, 1995.

L'exégète catholique américain John P. Meier écrit lui aussi : « Il n'est tout simplement pas vrai qu'adelphos est utilisé régulièrement dans l'Ancien Testament grec pour désigner le cousin » (*A Marginal Jew*, 1991). Daniel Marguerat, qui le cite (« Jésus, ses frères et ses sœurs »), dans *Le Monde de la Bible*, n° 155, décembre 2003), ajoute « qu'en grec, jamais adelphos n'est affecté à un champ de signification allant jusqu'au cousinage ».

13. *« Supplément au dictionnaire de la Bible »*, fasc. 67, Paris 1992. Un autre spécialiste, A. George, souligne

par ailleurs que ce verset, important, des Actes des Apôtres, « offre bon nombre de caractéristiques lucaniennes [...]. Il est clair que Luc a eu une large part dans la rédaction de ce verset ». (A. George, *Etudes sur l'œuvre de Luc*, Editions Gabalda, 1986, p. 455).

14. Voir au sujet de cet Evangile, note 1, p. 176.

15. L'historien latin Suétone précise notamment que la famille ne pouvait participer au deuil d'un condamné (Tiberius 61, 2).

16. Le Seuil, 1988-1996.

17. Volume IV, p. 138.

18. Le père Xavier Léon-Dufour a abordé de nouveau cette question dans un autre livre, publié en 2003 aux Editions du Seuil, *Un bibliste cherche Dieu*. Revenant sur mon livre *Jésus*, qui l'avait cité à propos de Cana, il écrit : « Si j'ai bien écrit que "l'histoire des noces de Cana n'est pas un récit purement biographique", c'est à partir d'un travail de recherche qui m'a permis de déterminer un certain genre littéraire. Mais je n'en déduis pas aussitôt que le récit n'a aucun appui événementiel » (p. 117). Xavier Léon-Dufour, écrivant ainsi, se trompe. Dans son livre de 1988 cité par moi, il avait écrit (pp. 215 et 221) que le récit de Cana n'était pas de « type biographique ». Il ajoute maintenant l'adverbe « purement ». Et dans le même livre de 1988, une partie du chapitre consacré à Cana est ainsi sous-titrée : « Un récit symbolique ». Il explique que ledit récit « présente symboliquement les noces de Dieu (évoqué sous la figure du marié) et d'Israël (évoqué à travers la mère de Jésus et les comparses du festin) se réalisant grâce à la présence et à l'œuvre de Jésus » (p. 225). A aucun moment, dans ces pages, il ne se réfère à un quelconque événement réel. Mais, suivant pas à pas le récit, il en décrypte admirablement tous les messages, bien plus importants et lumineux que le miracle consistant à changer l'eau en vin.

Enfin, « l'appui événementiel » du symbole considéré ici est évident : c'est la crucifixion. Et l'on peut très bien penser que l'auteur de l'Evangile de Jean, voulant démontrer le rapport entre les deux Testaments – ce que j'appelle « le passage de relais » –, ait choisi le récit de ce moment capital pour l'insérer dans son texte, lui donnant ainsi toute sa force.

19. Volume I, p. 215.

20. Volume IV, p. 148.

21. Editions Noésis, 1996. Voir notamment le 1er chapitre.

22. Certains exégètes l'ont admis en ayant recours – comme souvent en cas de difficulté – à l'araméen : Alphée et Clopas représenteraient deux traductions grecques du nom araméen Khalphaï. Mais rien ne l'atteste.

23. O. Odelain et R. Séguineau, *Dictionnaire des noms propres de la Bible*, Editions du Cerf/Desclée de Brouwer. Ce livre cite six Jacob (ou Jacques) et distingue le quatrième Jacques, fils d'Alphée, du cinquième, Jacques le Petit, ajoutant, il est vrai, à propos de celui-ci : « Parfois identifié au précédent. » La *Bible de Jérusalem*, commentant le début des « Actes des Apôtres » où l'auteur donne la liste de ceux-ci, écrit qu'on « ne doit pas non plus, semble-t-il », identifier l'apôtre Jacques, fils d'Alphée, avec Jacques, frère du Seigneur.

24. *Op. cit.*, p. 45.

25. Cité par Elian Cuvillier, *L'Evangile de Marc*, Bayard-Labor et Fides, 2002.

26. Eusèbe, « Histoire ecclésiastique » **3**, 20-6 et 32-6.

27. *L'Enfance du christianisme*, Ed. Noésis, 1997.

28. Voir sur ce point, Elian Cuvillier, *op. cit.*, pp. 80-81.

29. *Jésus Enfant*, *op. cit.*

7

1. Josy Eisenberg, *op. cit.* : « On se marie très jeune en Orient ; dès que la jeune fille est nubile, c'est-à-dire pubère, quelquefois même bien avant, les tractations s'engagent en vue de la marier. » Les rabbins de l'époque, selon plusieurs sources, ont même sérieusement débattu – il est vrai que débattre était une de leurs occupations favorites – pour savoir si les traces de sang trouvées dans le lit nuptial après la première nuit de noces d'une mineure doivent être considérées comme le signe des premières règles ou de la consommation du mariage...

2. Martin Hengel, *Jésus, Fils de Dieu, Lectio Divina 94*, Editions du Cerf, 1994. Quand Paul, écrivant en grec, dit que « Dieu envoya son fils » (Ep. aux Galates, **4**, 4-5), il écrit « *ton huion* » et, dans ce cas, il ne parle pas au sens figuré. C'est bien d'un vrai Fils qu'il s'agit.

3. Roland Meynet, *Lire la Bible*, Collection « Champs », Flammarion, 2003. Jean Guitton a écrit joliment : « La Vierge a mis du temps à se comprendre elle-même » (*Dialogue sur la Vierge*, Editions F. Vitte, 1950).

4. Par la suite, des rabbins ont raconté des épisodes semblables concernant d'autres personnes. Et l'historien juif Flavius Josèphe, qui a écrit à peu près en même temps que Luc, s'est décrit lui aussi comme un petit prodige : « A l'âge d'environ quatorze ans, alors que j'étais encore un enfant, je fus applaudi de tous pour mon amour des lettres ; les grands prêtres et les responsables de la cité en vinrent même à me consulter pour se faire préciser certains aspects de nos lois » (« Vie », 9).

5. Appelée aussi Soukkot, elle était jusqu'en 70 (année

où le Temple fut détruit), une des trois fêtes où les Juifs pieux allaient en pèlerinage à Jérusalem. Elle rappelle le temps où le peuple juif marchait, nomade, dans le désert... et couchait sous la tente.

6. A les lire, on constate que Jésus fréquentait peu les villes importantes sauf, selon Jean, Jérusalem. Séphoris, entièrement détruite auparavant, avait été reconstruite en 4 avant Jésus-Christ par Hérode Antipas, roi de Galilée. Dans un style très grec. Elle fut sa capitale jusqu'en 19.

7. On lira, à l'inverse, les livres de Raymond Sansen, *Le Sourire de Dieu*, Editions du Cerf, 2002, et de Didier Decoin, *Jésus le Dieu qui riait*, Stock, 1999.

8. J. Eysenberg, *op. cit.*

9. Dans ses paraboles, Jésus évoque à plusieurs reprises les intendants des grandes propriétés.

10. Cité par François Varillon, *Le Message de Jésus*, Bayard, 1998.

11. Ce qui signifie que le morceau neuf rétrécira au lavage et tirera donc sur le vêtement. Jésus utilise cette comparaison en réponse à ceux qui reprochent à ses disciples de ne pas jeûner. C'est qu'ils se trouvent dans une situation nouvelle puisqu'il est avec eux. De la même manière, il ajoute : « On ne met pas non plus du vin nouveau dans des outres vieilles ; autrement, les outres éclatent, le vin se répand et les outres sont perdues. »

12. Robert Aron, *Les Années obscures de la vie de Jésus*, Grasset, 1960.

13. Voir à ce sujet mon livre *Jésus*, *op. cit.*, et aussi Xavier Léon-Dufour, *Lecture de l'Evangile selon Jean*, *op. cit.* et *supra*, p. 198.

14. *Id.*

15. Daniel Duigou, *Psychanalyse des miracles du Christ*, Presses de la Renaissance, 2003.

16. Une femme samaritaine était considérée par les Juifs, du jour de sa naissance à celui de sa mort, et tous

les jours de sa vie, comme impure. Ce qui n'était le cas (si l'on peut dire), pour les femmes juives, que pendant leurs règles. Il ne fallait jamais demander à manger ou à boire aux Samaritains car nourriture ou boisson avaient été très probablement touchées par des mains impures. Tout Juif traversant la Samarie (par exemple pour se rendre de Galilée en Judée) était considéré comme en danger de mort. Les Samaritains se prétendaient descendants directs de Jacob, ce que contestaient les Juifs. Ceux-ci avaient rasé le temple samaritain de Garizim, car il ne pouvait exister pour eux qu'un seul temple, celui de Jérusalem. Or, Jésus expliqua à la Samaritaine que cette querelle était dépassée : « Crois-moi, femme, l'heure vient où ce n'est ni sur cette montagne ni à Jérusalem que vous adorerez le Père » (Jean **4**, 21).

17. Voir le tome II du livre de Xavier Léon-Dufour, *op. cit.*

8

1. Des spécialistes proposent une traduction plus précise : « Celle qui a enfanté Dieu. » Voir Dominique Cerbelaud, *Marie, un parcours dogmatique*, Editions du Cerf, 2003. Dominique Cerbelaud, dominicain, est professeur de théologie à l'Université catholique de Lyon.

2. *The Christian Tradition. A History of the Development of Doctrin*, tome I, université de Chicago, 1971, traduction française, *L'Emergence de la tradition catholique (100-600)*, Presses universitaires de France, 1974.

3. *Incarnation, une philosophie de la chair*, par Michel Henri, Le Seuil, 2000.

4. Voir sur ce point le chapitre « Les énigmes de l'his-

toire chrétienne », in *La Condition historique* de Marcel Gauchet, « Entretiens avec François Azouvi et Sylvain Piron », Stock, 2003.

5. Le texte dit exactement, à propos de l'Incarnation : « Nous croyons en un seul Dieu, le Père Tout-Puissant, qui a fait toutes les choses visibles et invisibles. Et en un seul Seigneur Jésus-Christ, le Fils de Dieu, engendré par le Père, monogène, c'est-à-dire de l'ousia du Père, Dieu né de Dieu, lumière née de la lumière, vrai Dieu né du vrai Dieu, engendré non fait, homoousios avec le Père. » Monogène peut se traduire par « le seul à être engendré » et « homoousios » par « consubstantiel », d'une seule et même substance (*ousia*).

6. *Vie de Constantin*, 3.

7. *Capitula* de Nestorius, Edition Loofs, Halle, 1905.

8. Cité par J. Pelikan, *La Tradition chrétienne*, édition originale, The University of Chicago, 1971 ; édition française, PUF, 1994.

9. *Dictionnaire de la théologie chrétienne*, article de Bernard Goulet, Editions Albin Michel et Encyclopedia Universalis, 1998.

Selon l'auteur d'une *Histoire ecclésiastique* nommé Socrate le Scolastique, Cyrille, au début de sa carrière épiscopale, laissa un commando de moines traîner dans une église d'Alexandrie et déchiqueter Hypathie qui avait le défaut, jeune fille savante et païenne, de vertu farouche, d'être admirée des chrétiens. Cyrille, bientôt surnommé « le nouveau pharaon », voulait délivrer Alexandrie des non-chrétiens qu'il qualifiait d'« immondices » (*Epître* 10). Il avait, par ailleurs, pris le contrôle financier des flottes affectées au transport des céréales (Pierre-Emmanuel Dauzat, *Les Pères de leur Mère*, Albin Michel, 2001). Le père A.G. Hamman (*op. cit.*) explique que Cyrille, neveu de l'archevêque d'Alexandrie, Théophile, était « l'homme de son oncle, ce qui le prédisposait plus à l'ambition qu'à la sainteté ». Il n'en figure pas moins au calendrier des saints.

10. Cf. *Ephèse et Chalcédoine. Acte des conciles*, par A.J. Festugière, Editions Beauchesne, 1982. L'étonnant dans cette prise de position très nette est qu'elle soit la réaction d'un fraîchement converti. Cyrille avait en effet analysé en 428 – trois ans plus tôt, donc – l'Evangile de Jean. Il s'était intéressé notamment à la scène du Calvaire où Jésus confie sa mère au « disciple bien-aimé ». Et pourquoi la lui confiait-il, selon Cyrille ? Pas tellement pour qu'elle soit protégée, hébergée et nourrie. Mais afin qu'elle soit affermie dans la foi. A l'en croire, Marie avait douté davantage que les apôtres. Parce qu'elle appartenait au sexe faible. « Cyrille admettait, sans la moindre gêne, que Marie ait pu pécher », écrit un spécialiste reconnu des Pères de l'Eglise, G. Jouassard (« Marie à travers la patristique », par G. Jouassard, doyen de la faculté de théologie de Lyon, in *Maria, Etudes sur la Sainte Vierge*, tome premier, *op. cit.*). Il ajoute que Cyrille, dont les textes sont divers et abondants, avait peu utilisé le mot *theotokos* avant 428 : « Peut-être ne l'a-t-il jamais fait, ou une fois au plus par hasard. »

11. L'affaire, au départ, se présentait mal pour le patriarche d'Alexandrie. L'empereur Théodose II, convoquant le concile, lui avait écrit qu'il devait lui-même examiner... sa propre théologie. Il évoquait aussi ses « manigances fâcheuses ». Et, plutôt solidaire du patriarche de Constantinople, il jugeait « tout à fait blâmable que quelqu'un [Cyrille bien sûr] qui est séparé de nous par une si grande distance s'immisce d'une manière indiscrète en nos affaires ». Cyrille allait pourtant reprendre l'avantage. Car il avait des agents à Constantinople, qui savaient distribuer les pots-de-vin et les cadeaux à bon escient. Et la chance le favorisa. Pour se rendre à Ephèse depuis Alexandrie, il put naviguer tout droit sur une mer très calme. Tandis que les évêques d'Orient, conduits par Jean d'Antioche, cheminaient lentement par voie de terre le long des côtes monta-

gneuses de la Turquie méridionale. Il faisait chaud, ils étaient retardés par la maladie. Or, ceux-là étaient favorables à Nestorius. Et Cyrille le savait. A Ephèse, l'attente s'éternisait. Jusqu'au 21 juin. Ce jour-là, Cyrille reçut un message de Jean d'Antioche annonçant l'arrivée prochaine des Orientaux. Alors, il brusqua les choses. Pas de temps à perdre : il s'agissait de régler la question en leur absence. Il fit aussitôt décider, par ruse, l'ouverture du concile. Soixante-huit évêques (sur 153) protestèrent. On passa outre. Nestorius refusa de se présenter. On le condamna vite fait. Quand les Orientaux arrivèrent enfin, le 26, ils tinrent une sorte de contre-concile qui condamna Cyrille ! Mais la délégation romaine arrivée en juillet l'approuva. Il avait gagné.

Reste à faire admettre cette décision par les Orientaux, repartis le cœur en peine. Seul l'empereur Théodore II pouvait l'obtenir. Les agents de Cyrille à Constantinople s'y employèrent à coups de pots-de-vin : or, tapis, trônes d'ivoire, etc. Le détail de ces « dons » est donné dans *Power and Persuasion in Late Antiquity*, livre de Peter Brown, édition de l'université du Wisconsin, traduction française, *Pouvoir et Persuasion dans l'Antiquité tardive*, Le Seuil, 1998. Un récit de ces événements se trouve aussi dans l'ouvrage de D. Cerbelaud, *op. cit.*

12. Cité par J. H. Newman, *The New Eve*, Newman Bookshot, Oxford, 1952.

13. Il renonça aux douze « anathématismes » (plus simplement : anathèmes) qu'il avait lancés contre Nestorius avant le concile. Ce que certains de ses amis prirent pour une trahison (voir Bernard Goulet, note 9, p. 203).

14. Il s'agit d'une définition solennelle d'une vérité de foi par le magistère de l'Eglise « dont l'autorité s'exerce au nom de Jésus-Christ », définition « proposée » sous « une forme obligeant le peuple chrétien à une adhésion irrévocable » (articles 87 et 88 du *Catéchisme de l'Eglise*

catholique, Libreria Editrice Vaticana, Citta del Vaticano, 1992. Edition Mame en français, même année).

15. D. Cerbelaud, *op. cit.*, est très net sur ce point. De la même manière, B. Sesboué écrit dans *Les Dogmes du Seigneur*, *op. cit.* : « Le titre de Mère de Dieu n'a pas été canoniquement défini, mais acclamé et approuvé. »

16. Nestorius, d'ailleurs, rentre quelque peu en grâce chez les théologiens actuels. Voir, par exemple, *Le Christ dans la tradition chrétienne. De l'âge apostolique à Chalcédoine*, par A. Grillmeier, Editions du Cerf, 1973.

17. Dans le « Canon 6 » adopté par ce concile. Voir *Les Conciles œcuméniques*, coll. sous la direction de G. Alberigo, Editions du Cerf, 1994.

18. *Ibid.*

19. D. Cerbelaud (*op. cit.*) souligne d'ailleurs que le mot *Théokotonos* s'était répandu en même temps que *Théotokos*. *Théokotonos* signifie « celui qui a tué Dieu », autrement dit « déicide ». Il a été appliqué aux Juifs, par de nombreux Pères de l'Eglise, Cyrille d'Alexandrie entre autres.

20. Voir à ce sujet mon livre *Jésus*, *op. cit.*

21. La logique n'est pas totale si l'on se réfère au protévangile de Jacques qui raconte la conception de Marie après intervention divine. Ce texte, en effet, ne fait durer la grossesse miraculeuse d'Anne, mère de Marie, que sept mois. Donc, cette fête-là eût dû se situer le 8 février... Elle ne fut célébrée en Occident qu'au XIe siècle, d'abord en Angleterre, si l'on en croit un texte local, le Missel de Legfric (Dom Capelle, « La Liturgie mariale en Occident » in *Maria, Etudes sur la Sainte Vierge*, *op. cit.*, tome I).

22. Le pli avait été pris, au XIe siècle, de prier spécialement Marie le samedi : un certain Pierre Damien, moine camaldule (ordre italien fondé au XIe siècle), expliqua qu'il était normal de dédier à la Vierge le jour du sabbat où, selon la Bible, Dieu s'était reposé (sur elle, en elle). Les

Dominicains lancèrent au XVe siècle le Rosaire (50 « Notre-Père » et 130 « Ave Maria », nombre qui correspond à celui des psaumes dans la Bible ; ces prières étant hachées de méditations sur la vie de Jésus et de Marie). Enfin, la coutume de faire de mai le mois de la Vierge avait été promue au XVIe siècle par les jésuites, coutume qui fut entérinée en 1821 par Rome.

Quant aux prières, l'Ave Maria, le « Je vous salue Marie », apparu d'abord, partiellement, dans la liturgie grecque, se répandit à partir du Xe siècle. Mais la deuxième partie, celle qui commence par « Sainte Marie, mère de Dieu », ne date que du XVIe siècle selon G. Jouassard (*op. cit.*). Elle répond aux attentes de ceux qui s'étonnaient qu'une prière ne comporte aucune demande à la Vierge. Ce qui est un indice intéressant de l'évolution de l'image de Marie : elle est considérée comme l'avocate qui prie « pour nous, pauvres pécheurs, maintenant et à l'heure de notre mort ». Un texte latin ancien (sa rédaction pourrait remonter au IVe siècle, voire au IIIe) était allé auparavant beaucoup plus loin. Il convient de citer en entier cette prière appelée le « Sub tuum praesidium » car elle est sans doute la plus ancienne adressée à Marie – du moins dont nous ayons connaissance : « Sous ta protection, dit la version la plus courante [il en existe plusieurs], nous nous réfugions, sainte Mère de Dieu ; ne méprise pas nos supplications quand nous sommes dans le besoin. Mais de tous les dangers délivre-nous toujours, Vierge glorieuse et bénie. » Le rôle donné à la Vierge, ici, est déjà presque égal à celui de Jésus et de Dieu.

Une autre prière, du XIe siècle, va attribuer à Marie le titre de Reine. C'est le très célèbre et très émouvant « Salve Regina » dû sans doute à un évêque du Puy, nommé Aymar. Mais, cette fois encore, c'est un ordre religieux, les cisterciens, qui l'a répandue. « Salut Reine, mère de miséricorde, notre vie, notre espérance et notre douceur, salut ! Vers toi nous crions, fils d'Eve exilés, vers toi nous soupirons, gémissant et pleurant dans cette vallée de larmes. Or, donc, notre avocate, tourne vers nous tes yeux miséricordieux, etc. » On note ici deux points. D'abord, la Vierge fait miséricorde, comme Dieu. Ensuite, le parallèle avec Eve est repris, et la création, par la faute de celle-ci, est discréditée : notre monde n'est plus qu'une vallée de larmes où nous gémissons et pleurons en attendant la fin de notre exil, alors que, dans la Genèse (**3**, 23), Dieu confie une mission à l'homme sur cette terre, après la faute d'Adam.

23. *Maria*, *op. cit.*, tome II, sous la direction d'Yves du Manoir, jésuite.

24. « Vers une nouvelle Byzance » par Evelyne Partlageon, in *Le Moyen Age*, tome I, sous la direction de Robert Fossier, Armand Colin, 1982. A l'époque, le culte des saints était très répandu, sous l'influence des moines. L'empereur s'inquiétait du pouvoir de ceux-ci qui lui échappaient, alors qu'il contrôlait le clergé séculier. Leurs biens furent confisqués. On obligea moines et moniales à se marier entre eux. Sévices et vexations se multiplièrent. Empêcher le culte des images des saints se justifiait par une lutte contre l'idolâtrie. Certains ont voulu y voir aussi une influence de l'islam qui interdit les représentations de tout être vivant dans les lieux de culte.

9

1. F.M. Abel, professeur à l'Ecole biblique de Jérusalem, « Sanctuaires marials en Palestine », in *Maria. Etudes sur la Sainte Vierge*, *op. cit.*, t. IV.

2. *Histoire des croyances et des idées religieuses*, Editions Payot, tome III, 1978. Mircea Eliade explique : « Puisque Dieu s'était incarné en Jésus-Christ, tout martyr, torturé et mis à mort pour le Seigneur, était sanctifié dans sa propre chair. La sainteté des reliques représentait un parallèle rudimentaire au mystère de l'Eucharistie. Tout comme le pain et le vin étaient transubstantialisés dans le corps et le sang du Christ, le corps du martyr était sanctifié par sa mort exemplaire, vraie *imatatio Christi.* »

3. On s'est beaucoup interrogé sur la couleur noire de ces statues, l'attribuant à des causes multiples. Mais c'est l'occasion de citer le Cantique des cantiques (**1**, 5-6) :

Je suis noire et pourtant belle
Ô filles de Jérusalem,
Comme les tentes de Qédar,
Comme les pavillons de Salma,
Ne prenez pas garde à mon teint basané ;
C'est le soleil qui m'a brûlée.

4. *Sermons*, Corpus scriptorum christianorum orientalium, Paris, 1903.

5. Une expression qui semble avoir été ignorée à l'époque et lancée bien plus tard.

6. L'amour courtois n'est pas platonique, en dépit de ce que l'on a souvent écrit, mais son accomplissement paraît, la plupart du temps, presque impossible. Ou bien l'on craint qu'il n'entraîne un relâchement du désir. Voir « Courtoisie » par Paul Zumthor, in *Dictionnaire des genres et notions littéraires*, Encyclopaedia Universalis, Albin Michel, 1997.

7. *Le Temps des cathédrales*, Gallimard, 1976.

8. *La Foi chrétienne, histoire et doctrines*, par François Bluche, Editions du Rocher, 1996.

9. André Vauchez, « L'idée de Dieu », in *La France*

médiévale, coll. sous la direction de Jean Favier, Fayard, 1983.

10. Jean Delumeau, *Que reste-t-il du paradis ?*, Fayard, 2000.

11. Michel Pastoureau, *Bleu, histoire d'une couleur*, Le Seuil, 2000.

12. Jean Delumeau, *op. cit.*

13. *Op. cit.* et aussi *Une histoire symbolique du Moyen Age occidental*, Le Seuil, 2004.

14. Michel Pastoureau (*op. cit.*) conte aussi l'histoire d'une statue datant à peu près de l'an mil et taillée dans un beau bois de tilleul. Comme beaucoup de vierges de ce temps, elle était peinte en noir. On la repeignit en bleu au XIIIe siècle. Mais à l'époque du baroque, la lumière divine fut tenue pour dorée. Cette couleur devint donc celle de la statue vers la fin du XVIIe siècle. Et quand fut proclamé le dogme de l'Immaculée Conception, cette vierge romane se retrouva entièrement revêtue de blanc.

15. *Le Miracle de Théophile*, transposition de Gustave Cohen, Editions Delagrave, 1948.

16. Cité par Pierre Lorson, « Notre-Dame dans la littérature allemande », in *Maria*, *op. cit.*, tome II.

17. Jacques Le Goff, *L'Europe est-elle née au Moyen Age ?*, Le Seuil, 2003.

18. C'est moi qui souligne.

19. On peut le voir au Staatsmuseum de Berlin.

20. Jean Delumeau, *Le Péché et la Peur*, Fayard, 1983.

21. Jérôme Baschet, *La Civilisation féodale*, Editions Aubier, 2004.

22. Jacques Chiffoleau, « La religion flamboyante », in *Histoire de la France religieuse*, tome II, Le Seuil, 1988, coll. sous la direction de Jacques Le Goff et René Rémond.

23. *Ibid.*

24. Jacques Le Goff, *Naissance du purgatoire*, Gallimard, 1981. L'idée d'un lieu intermédiaire entre l'enfer et

le purgatoire était assez ancienne. Grégoire le Grand, pape au début du VIIe siècle, avait laissé entendre que les « pas absolument mauvais », et les « pas absolument bons », pouvaient être livrés après leur mort à un feu non éternel. Ils y subiraient la *purgatio*. C'est seulement au XVIIe siècle que le mot « purgatoire » devint usuel. Voir aussi sur ce sujet Philippe Ariès, *L'Homme devant la mort*, Le Seuil, 1977.

25. Dominique Mondrone, « La Madone dans la poésie italienne », in *Maria*, *op. cit.*, tome II.

26. Michel Vovelle, *Les Ames du purgatoire*, Gallimard, 1996.

27. Sermon dans l'octave de la Passion, cité par E. Druwé, « La médiation universelle de Marie » in *Maria*, tome I, *op. cit.*

28. Emile Mâle, *L'Art religieux à la fin du Moyen Age*, Paris, 1908. Une querelle s'ensuivit. Car on célébrait, en divers endroits, la fête de la Pâmoison (*spasmo* en italien). A quoi Cajetan, grand maître des dominicains et théologien italien très écouté, fit remarquer que Marie ne pouvait avoir perdu connaissance car « cet instant était, dans ce cas, le moment d'appliquer tout son esprit, avec une attention suprême, à considérer la Passion du Christ » (M.J. Congar, « Cajetan et la dévotion de la Compassion de Marie », in *La Vie spirituelle*, tome 38, 1934).

29. Edition américaine à l'université de Princeton, *Méditations on the Life of Christ*, 1977.

30. Cité par Hilda Graef, *op. cit.*

10

1. Giacomo Martina, « Pie IX », in *Dictionnaire historique de la papauté*, coll. sous la direction de Philippe Levillain, Fayard, 1994.

2. Des responsables politiques le comprirent également ainsi. Napoléon III s'empressa d'adresser un étendard représentant Marie et proclamant son Immaculée Conception à la flotte française engagée, en mer Noire, dans la guerre de Crimée. Des responsables religieux pensèrent, eux, que la promulgation de ce dogme préparait l'affirmation capitale de 1870 : celle de l'infaillibilité du pape. Paul Newman, le célèbre théologien catholique britannique, qui admettait l'Immaculée Conception mais non l'infaillibilité pontificale, écrivit à propos de celle-ci : « Il m'est revenu à la mémoire ce mot attribué autrefois à Mgr Talbot, que la définition de l'Immaculée Conception n'était si souhaitable et si importante que parce qu'elle ouvrait la voie à la définition de l'infaillibilité du pape » (Lettre du 12 avril 1870 au duc de Norfolk, citée par J.F. Chiron dans « Enjeux du recours au Magistère ordinaire et universel », in *Revue d'éthique et de théologie morale*, n° 219, décembre 2001). Traduisons un peu brutalement : il arrive que la proclamation d'un dogme corresponde, aussi, à des préoccupations qui ne sont pas liées directement au sujet.

3. L'attitude d'un archevêque savoyard, Mgr Alexis Billiet, qui allait être fait cardinal plus tard, illustre cependant les hésitations de certains. Mgr Billiet considérait l'Immaculée Conception comme une « pieuse croyance » assez fondée pour que le pape « puisse très raisonnablement accorder des éloges particuliers à ceux qui la professent ». Il ne voyait pas, cependant, de raisons d'en faire

un dogme : « Il ne peut y avoir de dogmes que ceux qui ont été révélés ; l'autorité de l'Eglise est établie pour conserver ceux qui existent et non pour en faire de nouveaux. » Mais il approuva le pape, car, écrivit-il à l'un de ses confrères, il ne voulait pas « aggraver sa position à Rome » où il pensait être « déjà noté un peu défavorablement » (C. Sorrel, « La Savoie et la proclamation du dogme de l'Immaculée Conception », in *L'Histoire en Savoie*, supplément au n° 124, 1996).

4. Le texte lu par le pape dit exactement : « Le dogme affirmant que la Vierge Marie, dès l'instant même de sa Conception, et par un privilège et une grâce extraordinaires du Dieu Tout-Puissant, en reconnaissance des mérites de Jésus-Christ, Sauveur de l'humanité, fut préservée de toute souillure du péché originel, est une révélation de Dieu et doit par conséquent être cru de façon ferme et constante par tous les fidèles. »

5. Homélie VII, sur Luc, Patrologie grecque 13.

6. Homélie sur la Genèse **1**,14, Patrologie grecque 12.

7. Jouassard, *op. cit.*

8. *Id.*

9. Pour plus de précisions, voir « Pélagianisme » par Michel Meslin in *Dictionnaire de la théologie chrétienne*, *op. cit.*

10. Augustin, « De nuptis et concupiscencia » I, 24.

11. Le débat sur le péché originel se poursuit toujours, mais, bien souvent, dans une prudente obscurité. Il convient de rappeler la thèse d'Augustin : Adam, en péchant, a « comme vicié l'humanité dans sa racine [...] Ainsi, tout homme [issu] de lui et de son épouse également condamnée après avoir été l'instrument de sa faute, qui naîtrait par la voie de cette concupiscence charnelle [...] contracterait le péché originel. Péché par lequel, à travers des erreurs et des douleurs diverses, il serait entraîné à ce dernier supplice qui ne doit pas avoir de fin » (« Enchiri-

dion », 26, 27, in *Exposés généraux de la foi*, Desclée de Brouwer). Augustin qui était, par ailleurs, un chantre de l'amour de Dieu et de l'amour pour Dieu, alla jusqu'à écrire que « Dieu, en créant l'homme, n'ignorait pas, au demeurant, que [celui-ci] pécherait et que, désormais voué à la mort, il engendrerait des fils destinés à mourir, et [que] ces mortels porteraient si loin leur férocité criminelle que les bêtes, sans raison, sans volonté [...] vivraient entre elles en leur espèce avec plus de sérénité et de paix que les hommes dont la race était née d'un seul » (« De civitate Dei **12**, 22).

Augustin eut, sur cette conception du péché originel, bien des disciples. Il influença jusqu'à nos jours la théologie et la pratique chrétienne. Calvin écrivit qu'il est « sans contredit supérieur à tous les dogmes » (cité par Jean Delumeau, *op. cit.*). Bossuet l'appela « le docteur des docteurs ». Surtout, le concile de Trente (1546) établit le dogme du péché originel sans trop en débattre. Le canon 2 du Décret conciliaire affirme que le péché originel a atteint tous les hommes, le canon 3 qu'il s'est transmis « par propagation et non par imitation », autrement dit qu'il est héréditaire, et le canon 4 précise que les nouveau-nés portent en eux ce péché (et sont donc condamnés à l'enfer) aussi longtemps qu'il n'ont pas été baptisés...

Le *Catéchisme de l'Eglise catholique* édicté par Jean-Paul II demeure pour l'essentiel sur la même ligne. Mais en 1985, le cardinal Ratzinger, préfet de la Congrégation pour la doctrine de la foi (ex-Saint-Office), reconnaissait que « dans une hypothèse évolutionniste du monde [celle à laquelle correspond en théologie un certain « teilhardisme »], il n'y a évidemment pas place pour aucun péché originel » (*Entretien sur la foi* avec Vittorio Messori, traduction française, Fayard, 1985). Or, onze années plus tard, le 24 octobre 1996, le pape Jean-Paul II, dans un message à l'Académie pontificale des sciences, admettait pratiquement (et contrairement à son prédécesseur Pie XII dans l'encyclique « Humani generis »), ce que le cardinal Ratzinger appelait « l'hypothèse évolutionniste ». Pour dire justement que ce n'était plus une simple hypothèse : « De nouvelles connaissances, écrivait-il, conduisent à reconnaître dans la théorie de l'évolution plus qu'une hypothèse. Il est en effet remarquable que cette théorie se soit progressivement imposée à l'esprit des chercheurs, à la suite d'une série de découvertes faites dans diverses disciplines du savoir. La convergence, nullement recherchée ou provoquée, des résultats de travaux menés indépendamment les uns des autres, constitue par elle-même un argument significatif en faveur de cette théorie » (*Documentation catholique*, 17 novembre 1996).

Si l'on rapproche le texte du pape de celui de son théologien préféré, on doit conclure qu'ils mettent à mal le dogme du péché originel. Je me permets de renvoyer sur ce point à mon livre *Le Dieu de Jésus* (*op. cit.*).

Il faut ajouter à la mise en cause de ce dogme une erreur de traduction commise par Augustin et que souligne Hans Küng (*op. cit.*). Augustin, en effet, se fonde sur ce qu'écrivit l'apôtre Paul à propos de la faute d'Adam : « En lui, tous ont péché » (Ep. aux Romains **5**, 12). Or, relève Küng, Augustin se basait sur la version latine de la Bible de son temps. Laquelle écrit : « In quo, etc. » Ce qu'il traduit par « En lui », et qu'il rapporte à Adam. Mais si l'on se rapporte au texte grec (faut-il rappeler que Paul écrivait en grec ?), on trouve au début de cette phrase l'expression « *eph'ho* ». Qui signifie : « parce que » ou, à la rigueur, « en suite de qui ». Ce qui donne « parce que tous ont péché ». Il ne s'agit donc plus d'un péché originel, héréditaire, dont chaque homme est porteur dès sa conception, qui l'empoisonne dans son corps et dans son âme à moins qu'il ne reçoive le baptême.

Il faut aussi, sur ce sujet, faire place aux recherches de

la psychanalyste Marie Balmary (*Abel ou la traversée de l'Eden*, Grasset, 1999). Elle étudie avec minutie et prudence le texte de la Genèse et refuse « une théologie qui voit l'homme perdant une vie divine qu'il aurait eue au départ ». Reconnaissant qu'elle avait cru le contraire jusque-là (p. 176 de son livre), elle souligne en caractères italiques que « la première génération n'est pas qualifiée comme fautive par la Bible ». Elle reprend les deux phrases prononcées par Dieu quand il retrouve Adam et Eve dans le jardin après qu'ils eurent mangé le fruit défendu (Genèse **2**, 11) : « Qui t'a révélé que tu étais nu ? De l'arbre dont je t'avais dit de ne pas manger, as-tu mangé ? » Dieu, dans ce texte, ne reproche pas d'abord à l'homme d'avoir mangé le fruit interdit. Il veut savoir « qui » l'a poussé à le faire. « Difficile de voir là, à lire ainsi de près, poursuit Marie Balmary, une accusation divine contre l'homme de "péché originel". Ce que Dieu interroge avant tout, c'est l'emprise sur l'homme de X, celui qui a raconté à l'homme sa nudité de telle façon que celle-ci lui soit devenue insupportable » et que l'homme ait été amené à ne plus croire à la règle fixée par Dieu mais à la parole de cet X. « Qui t'a fait avaler une parole humiliante ? Qui t'a fait du mal en parole, un mal tel que tu n'as plus cru ni en toi ni en moi ? » Dans le même livre, Marie Balmary, poursuivant pas à pas son étude de la Genèse, démontre que le mot « faute » désigne ce qui menace l'homme et non ce qu'il commet. « Le péché n'est-il pas à la porte, une bête tapie qui te convoite », dit la Bible de Jérusalem.

12. « Homélie IV sur la mère de Dieu », Patrologie grecque 7-7.

13. Il fallait avoir vingt-cinq ans, chez les franciscains, pour accéder à la prêtrise. Duns Scot fut ordonné en 1291 ; on peut donc déduire qu'il naquit en 1266.

14. Gerard Manley Hopkins, *Poems*, cité par Jaroslav Pelikan, *op. cit.*, tome IV.

15. Toutes ces citations sont reprises de Jaroslav Pelikan, *op. cit.*

16. Cité par Palemon Glorieux, *Recherches de théologie ancienne et médiévale*, n° 14, 1947.

17. Cité par Jaroslav Pelikan, *op. cit.*

18. Yves Chiron, *Enquête sur les apparitions de la Vierge*, Perrin-Mame, 1995.

19. René Laurentin, *Bernadette vous parle*, Editions Lethiellieux. Œuvre de la grotte, tome 1, 1972. Quand le commissaire de police Jacomet interroge Bernadette, le 21 février, jour de la sixième apparition, celle-ci décrit Marie ainsi : « Cela a la forme d'une petite fille. » Alors, le commissaire : « Et cela ne t'a pas dit : je suis la Sainte Vierge ? » Réponse : « Cela ne me l'a pas dit. » Et elle décrit l'apparition comme « vêtue d'une robe blanche serrée par un ruban bleu », image qui sera reproduite à des dizaines de milliers d'exemplaires. Reste à se demander pourquoi Marie, si elle apparaît, ne s'identifie pas simplement sous son nom mais en reprenant, après six semaines, une définition dogmatique qui a fait débat des siècles durant.

20. Epiphane de Salamine, « Panarion », 78, cité par B. Sesboüé, *op. cit.*

21. Dans un texte intitulé « De transitu virgini » et répandu en Occident par Grégoire de Tours, lorsque Marie fut à l'agonie, « les apôtres accoururent tous, de chaque pays, vers sa maison ». Ils veillaient sur elle. « Le Seigneur survint, escorté de ses anges et, recevant l'âme de Marie, il la remit à l'archange Michel et se retira. » Au point du jour, les apôtres mirent le corps dans le tombeau, attendant son retour : « Tout à coup, Jésus leur apparut de nouveau et, enlevant ce corps sacré dans un nuage, il la fit transporter ainsi dans le paradis où maintenant, ayant repris son âme, Marie savoure avec les élus les biens de l'éternité » (Grégoire de Tours, *Le Livre des miracles*, Paris, 1857, cité par J. Delumeau, *op. cit.*).

22. *Op. cit.*

23. « Mariologie » par Heinrich Koster in *Bilan de la théologie du XXe siècle*, Casterman, 1970.

24. Le cardinal Ratzinger, sans en apporter la moindre preuve, écrit pourtant hardiment : « Les *quatre* dogmes sur Marie ont leur clair fondement dans l'Ecriture » (*Entretien sur la foi*, *op. cit.*). C'est lui qui souligne le chiffre quatre, incluant donc l'assomption.

25. Le père Congar, expert au concile, qui rompit bien des lances avec lui, souligne dans son journal, à propos du père Balic, que celui-ci « ne pense qu'à super-exalter Marie » dans le but de faire béatifier Duns Scot (ce qui aboutit sous Jean-Paul II, en 1991). Le concile, écrit le père Congar, voudrait déclarer la mort de Marie. Le père Balic dit aux membres de la commission *ad hoc* « sous secret du Saint-Office, que Pie XII était personnellement convaincu de la mort » (Yves Congar, *Mon journal du concile*, Editions du Cerf, 2002).

26. *Documentation catholique* n° 2164, 1997.

27. B. Sesboüé, *op. cit.*

28. Cité par John P. Dourley, *La Maladie du christianisme. L'apport de Jung à la foi*, édition canadienne Inner City Books, Toronto, 1984 ; édition française, Albin Michel, 2004.

11

1. Yves Congar, *op. cit.*
2. Bernard Sesboüé, *op. cit.*
3. Cité par B. Sesboüé, *op. cit.*
4. Sermon 289, Patrologie Latine 38.
5. Dans une lettre aux chanoines de Lyon où il écrivait

aussi : « O femme digne d'une vénération sans égale... vous réparez le mal de nos premiers parents. » Cité par E. Druwé, « La médiation universelle de Marie », in *Maria*, tome I, *op. cit.*

6. Il est impossible, dans le cadre de ce livre, de traiter dans leur entier l'histoire des apparitions et les problèmes qu'elles posent. Ils mériteraient plusieurs ouvrages. On notera qu'elles furent particulièrement fréquentes en France au XIXe siècle, que les bénéficiaires (souvent pauvres) furent aussi bien des enfants et des adolescents de sexe féminin que des adultes (les deux sexes confondus). Des études statistiques ont été publiées par l'historien Yves Chiron (*op. cit.*).

Les apparitions de Marie sont souvent liées à l'actualité politique. En 1830, à Paris, Catherine Labouré, qui a vu le cœur de saint Vincent, puis le Christ le 6 juin, s'entend dire par la Vierge le 18 juillet : « Les temps sont mauvais [...]. Le trône sera renversé » (Charles X, on le sait, le fut quelques jours plus tard). A Pontmain (Mayenne), pendant la guerre de 1870, la Vierge dit à des enfants : « Dieu vous exaucera en peu de temps », et l'armistice est signé quelques jours plus tard. Enfin, l'apparition de Fatima coïncide avec la révolution russe de 1917 et Marie fait explicitement mention de ce pays. Il faut noter qu'elle demande la consécration de la Russie à « son Cœur immaculé », posant des conditions par la suite, selon la voyante Lucie devenue religieuse : cette consécration devait être faite par le pape en union avec les évêques du monde entier. Pie XI n'ayant pas jugé opportun de satisfaire cette demande, Pie XII, en 1942, consacra « la Sainte Eglise et le monde entier » au Cœur immaculé. La Russie n'étant pas explicitement mentionnée, la voyante Lucie revint à la charge. Pie XII s'exécuta en 1952, sans satisfaire la tenace religieuse pour autant : l'union avec les évêques du monde entier n'était pas soulignée. Elle le fut enfin par le même pape, le 11 octobre 1954, mais cette fois encore la Russie n'était pas nommée. Les papes suivants n'en firent pas davantage. Cependant, Jean-Paul II, après avoir fait demander à Lucie les conditions exactes à remplir, renouvela le 25 mars 1984 la consécration, et « s'il ne mentionna pas explicitement la Russie, il en fit une mention intime en observant quelques minutes de silence » (Y. Chiron, *op. cit.*). Un débat s'instaura alors entre spécialistes pour savoir si toutes les conditions étaient réunies... Lucie voulut bien l'admettre dans une lettre du 29 août 1989 adressée à une autre religieuse. Le débat n'est pas clos pour autant... Par ailleurs, on le sait, Jean-Paul II a attribué à la Vierge de Fatima d'avoir pu miraculeusement échapper à la mort lors de l'attentat commis le 13 mai 1981 (jour anniversaire de la première apparition à Fatima) par le Turc Ali Agca.

Il convient aussi de noter que, lors de bien des apparitions, la Vierge se présente comme une avocate, ou un rempart, contre un Dieu (Père ou Fils) vengeur. Ainsi à la Salette, dans les Alpes, en 1846 : « Si mon peuple ne veut pas se soumettre, je suis forcée de laisser aller la main de mon fils ; il [*sic*] est si forte et si pesante que je ne peux plus le maintenir. » A Cenetto (Toscane) en 1851 : « Si les pécheurs ne se convertissent pas, mon fils devra envoyer la fin du monde. » A Pellevoisin (Berry), en 1876, alors que les républicains arrivent au pouvoir : « Et la France ! Que n'ai-je fait pour elle [...] et pourtant elle refuse de m'entendre. Je ne peux plus retenir mon fils. » A Fatima, elle parle beaucoup de l'enfer et dit qu'une amie de Lucie, morte un peu plus tôt, « sera en enfer jusqu'à la fin du monde ».

Il faut noter que de telles menaces ou prédictions n'ont pas été dites à Lourdes, où les apparitions n'apparaissent pas immédiatement liées à un contexte politique particulier.

Sur les apparitions à six enfants de Medjugorje (ex-Yougoslavie, en 1981), on peut se référer aux nombreux livres de l'abbé René Laurentin (Editions Œil, entre 1986 et 1993) et à l'ouvrage (très critique) de l'anthropologue Elisabeth Claverie, *Les Guerres de la Vierge* (Gallimard, 2003) où sont soulignées les utilisations politiques (par les Croates catholiques) de ces visions au sujet desquelles le Vatican exprima les plus grandes réserves.

L'Eglise catholique se montre en général prudente en ce domaine. Elle admet la possibilité d'apparitions qu'elle appelle « révélations privées », un terme peu adapté puisque ces apparitions peuvent concerner plusieurs personnes, mais qui en limite la portée. Dans son encyclique « Pascandi » (1907), le pape Pie X, qui ne passe pas pour avoir été un progressiste, écrivait, à propos des « pieuses traditions » (apparitions, visions, miracles), que l'Eglise ne se porte pas « garante » [...] de la vérité du fait ; simplement, elle n'empêche pas de croire aux choses auxquelles les motifs de la foi humaine ne font pas défaut » (« Documents pontificaux de Sa Sainteté saint Pie X », Publications du *Courrier de Rome*, tome I, 1993). L'expression « foi humaine » utilisée par Pie X se réfère à une distinction établie au XVIIIe siècle par le cardinal Lambertini, futur pape Benoît XIV, entre la croyance humaine que l'on doit aux révélations approuvées par l'Eglise et « l'assentiment de foi catholique » (ou foi divine) que l'on doit à la Révélation ou aux dogmes. Ce cardinal ajoutait que l'on peut ne pas croire aux apparitions reconnues par l'Eglise « pourvu qu'on le fasse avec la modestie convenable pour de bonnes raisons et sans intentions de mépris » (cité par Louis Lochet, *Apparitions*, Desclée de Brouwer, 1968). Plus récemment, le cardinal Ratzinger a souligné qu'aucune apparition n'était « indispensable à la foi ». Il ajoutait : « La Révélation est close avec Jésus-Christ. Lui-même est la Révélation » (*op. cit.*).

7. Le cardinal Ratzinger l'a souligné : « Les pèlerinages de la chrétienté antique, observe-t-il, se dirigeaient souvent vers des lieux à propos desquels notre esprit critique d'hommes modernes resterait parfois perplexe quant à la "vérité scientifique" de la tradition qui s'y trouvait liée. » Mais il ajouta aussitôt, pour justifier la multiplication actuelle de manifestation de piété : « Cela n'empêche pas que ces pèlerinages étaient fructueux, bénéfiques, importants pour la vie du peuple chrétien. »

8. Erick Neumann, *The Great Mother : an Analysis of the Archetype*, cité par Shahrukh Husain in *La Grande Déesse mère*, Albin Michel, 1998.

9. *Op. cit.*

10. Selon la Loi juive, rappelons-le, une mère était « impure » pendant quarante jours après la naissance de son fils.

11. Philippe Borgeaud, *La Mère des dieux, de Cybèle à la Vierge Marie*, Le Seuil, 1996.

12. *Ibid.*

13. *Op. cit.*

14. Thomas Römer, *Dieu obscur*, Editions Labor et Fides, Genève, 1996. L'auteur souligne aussi que, à l'époque dite monarchique, le culte d'une déesse nommée Ashera semble avoir été célébré en même temps que celui de Yhwh, y compris dans les sanctuaires officiels.

15. « Celui qui nous a promis la nourriture céleste, dit Augustin, nous a donné le lait avec la tendresse d'une mère » (« Homélies sur les psaumes », cité par Virginia R. Mallenkott, *Dieu au féminin*, Editions du Centurion, 1990). Le journaliste-philosophe Roger-Pol Droit rappela en 1997 (*Le Monde* daté du 5 septembre) que « Jésus notre mère fut un thème important de la mystique féminine affective qui s'est développée en Occident, entre Hadewyck d'Anvers qui meurt vers 1260 et Thérèse de Lisieux qui rend l'âme en 1897 ».

Enfin, lors des débats sur l'apparition de La Salette, au XIXe siècle, Eugène Pelletan, anticlérical mais non athée, déplorait la féminisation du culte : « Dieu a changé de sexe ; il était homme, le voici femme » (cité par Jacqueline Lalouette, *La République anticléricale*, Le Seuil, 2002).

16. Il n'existe pas, à ma connaissance, d'études approfondies sur le sujet, seulement des allusions ou des confidences personnelles. Cependant, des recherches déjà anciennes jettent quelques lumières sur la question. Aux Etats-Unis, Orlo Strunk a publié en 1959 les résultats d'une enquête montrant que les hommes liaient Dieu à l'image maternelle alors que les femmes le voyaient plutôt comme un père (Orlo Strunk, « Perceived Relationships between parental and Deity concepts » in *Psychological Newsletter*, New York University, Tresselt Editor, 1959, n° 10). En France, l'abbé Jean-Pierre Deconchy, docteur en théologie et attaché de recherches au CNRS, a mené une série de recherches (qui ont fait l'objet d'un livre publié en 1967 aux Editions Lumen Vitae, à Bruxelles, *Structure génétique de l'idée de Dieu chez des catholiques français*) et s'est intéressé notamment à ce que représentaient les thèmes de « Paternité divine », de « Vierge Marie » et de « Christ en tant qu'homme » chez des garçons et des filles de 7-8 ans à 16 ans. Il a constaté ceci : « L'idée de "Vierge Marie", avec tout ce qu'elle peut comporter de référence à l'image maternelle, à la visée "féminine", voire peut-être à la tendance sexuelle inconsciente, est un puissant facteur de développement pour l'idée de Dieu chez le garçon alors que son rôle est pratiquement inexistant dans le développement de la même idée chez la fille » (« Dieu et les images parentales », *Cahier « Lumen Vitae » de psychologie religieuse*, IV, Bruxelles). J.-P. Deconchy souligne qu'il ne met « dans cette constatation aucune implication d'ordre théologique ou pédagogique ».

Il faut cependant tenir compte d'autres signes.

Au XIXe siècle se créèrent de très nombreuses congrégations religieuses féminines. Deux cent mille femmes entrèrent dans les noviciats ! Des historiens ont souligné, avec raison, que c'était parfois un moyen pour des « femmes de caractère », des « femmes fortes », de se « libérer », de s'affirmer. Mais elles avaient aussi d'autres motivations bien sûr. Or, Claude Langlois a noté (*Le Catholicisme au féminin*, Editions du Cerf, 1985) que furent créées sensiblement plus de congrégations dédiées à Marie (149) qu'au Christ (101) ; d'autres furent placées sous leur double protection. Le formidable développement, ce siècle-là, du culte de Marie était donc dû aussi aux femmes. Le plus grand nombre de ces congrégations nouvelles a été créé avant la proclamation du dogme de l'Immaculée Conception, et certaines portaient ce nom. A partir de 1860, les appellations des congrégations évoquèrent plutôt les souffrances de Marie considérées comme corédemptrice : « Notre-Dame du Calvaire », « Notre-Dame des Sept Douleurs », etc.

17. Lettre apostolique « Parta humano generi », 1901.

18. Message aux pèlerins de Lourdes, 28 avril 1935, *Documentation catholique*, tome 33.

19. *Id.*

20. Cité par E. Drewé, *op. cit.*

21. *Id.*

22. *Id.*

23. Dans le très long article cité ci-dessus, l'auteur jette à plusieurs reprises le soupçon sur les théologiens qui refusent d'accorder à Marie le terme de corédemptrice. Il les accuse par exemple de minimiser la portée d'un texte en ajoutant qu'ils agissent ainsi, « inconsciemment, j'aime à le croire ». On admirera la formule.

24. Lettre apostolique « Inter Sodalitia ».

25. E. Drewé, *op. cit.*

26. Joseph Ratzinger, *Foi chrétienne hier et aujourd'hui*, Nouvelles Editions Mame, Paris.

27. Je me permets de renvoyer à mon livre *Le Dieu de Jésus*, *op. cit.* On doit, bien sûr, se reporter sur ce sujet à l'œuvre de René Girard, notamment *La Route antique des hommes pervers* (Grasset, 1985), Joseph Moingt (*op. cit.*) et Hans Küng (*op. cit.*). Le père Michel Quesnel (*Jésus, l'homme et le Fils de Dieu*, Flammarion, 2004), écrit qu'il faut « repenser la théologie de la Rédemption ». Il rappelle que la mort de Jésus « fut d'abord, historiquement, une exécution capitale, non pas un sacrifice ».

Jean Soler, ancien conseiller culturel à l'ambassade de France en Israël, auteur de plusieurs livres sur la Bible, note avec justesse : « Le seul prophète juif qui ait manifesté une hostilité déclarée à l'égard des sacrifices est Jésus de Nazareth, si on lit correctement l'épisode connu sous l'appellation "Jésus chassant les marchands du Temple". Et c'est un paradoxe que ses disciples aient transformé en sacrifice l'application de la sentence qui l'a condamné à la peine de mort » (Jean Soler, *Vie et Mort dans la Bible*, Editions de Fallois, Paris, 2004).

On revient aussi, là, au débat sur le péché originel. Le pape Pie XII, dans l'encyclique « Humani Generis » (1950), avait rejeté le « polygénisme », c'est-à-dire l'idée qu'Adam « signifie une sorte de multitudes de premiers parents » pour la seule raison (ou presque) qu'une telle assertion ne « peut s'accorder avec les sources de la vérité révélée et les actes du magistère de l'Eglise touchant le péché originel, qui procède d'un péché qui a été vraiment commis par un unique Adam ». Commentant cette affirmation, Jaroslav Pelikan (*op. cit.*, tome IV, édition française 1994), écrit : « Pour le "magistère" de l'Eglise catholique romaine, l'un des dangers corollaires majeurs, dans toute vue qui semblait nier la doctrine augustinienne du péché originel, était la menace que toute la structure de la doctrine de l'Eglise au sujet de Marie fût par là minée. » L'adjectif « toute » à propos de cette doctrine est sans doute trop fort : c'est le dogme de l'Immaculée Conception, bien sûr, et la présentation de Marie comme corédemptrice qui sont mis en cause.

28. Y. Congar, *op. cit.*, tome I.

29. Il fut nommé par Jean-Paul II quelques jours avant de mourir.

30. « La Vierge au IIe Concile du Vatican et l'avenir de la mariologie » par Mgr G. Philips, in *Maria*, *op. cit.*, tome VIII, 1971.

31. Constitution dogmatique « Lumen gentium » sur l'Eglise, paragraphe 54 in *Vatican II, l'intégrale*, Editions du Centurion, 1967.

32. *Id.*, paragraphe 61.

33. *Id.*, paragraphe 62. Ce texte fait référence, en note, à Pie X, mais en omettant de dire que celui-ci admettait l'appellation de corédemptrice et écrivit que Marie était « réparatrice de l'humanité déchue », ce qui avait le même sens (encyclique « Ad diem illum », 1904). Trois pages plus loin, la même encyclique condamne « l'anarchisme, doctrine la plus nuisible et la plus pernicieuse qui soit ». Mais, ajoutait ce pape, cette « peste, également fatale à la société et au nom chrétien, trouve sa ruine dans le dogme de l'Immaculée Conception par l'obligation qu'il impose de reconnaître à l'Eglise un pouvoir devant lequel non seulement la volonté ait à plier, mais encore l'esprit ». Sans commentaires...

34. Voir *supra*, note 30.

35. Dans son allocution, le pape Paul VI, sans doute pour donner quelque satisfaction aux « minimalistes », a aussi déclaré que Marie « est rachetée par le Christ » (*Documentation catholique*, 6 décembre 1964). En toute logique, si elle a été rachetée, c'est qu'elle devait l'être, qu'elle était « souillée » (pour employer un terme hélas

habituel) par le péché originel. Que devient alors le dogme de l'Immaculée Conception ?

36. Dans l'article cité ci-dessus (voir *supra*, note 30), Mgr G. Philips souligne que, même si l'on trouvait des « idées apparentées » dans les textes anciens, ce titre donné à Marie était « extrêmement rare ». Il n'a découvert que trois citations, émanant de clercs à peu près inconnus. En revanche, Jean XXIII avait employé ce terme à cinq reprises durant son court pontificat.

37. Karol Wojtyła, *Aux sources du renouveau, étude sur la mise en œuvre du concile Vatican II*, Edition polonaise, 1972, revue et rééditée en italien par la Libreria editrice vaticana, 1981 ; traduction française, Centurion, 1981.

38. Le texte du concile (paragraphe 62) l'explique ainsi : « Aucune créature en effet ne peut jamais être mise sur le même pied que le Verbe incarné et rédempteur » (Jésus).

39. Par exemple dans une prière à Marie prononcée le 16 juin 1999 lors d'un voyage en Pologne. Voir *Les Prières de Jean-Paul II*, Bayard, 2003. Le livre rassemble « la majeure partie » des prières composées par Jean-Paul II tout au long de son pontificat. Elles sont le plus souvent très belles et témoignent d'une foi très profonde. On notera que la très grande majorité d'entre elles s'adressent à Marie.

40. Le seul concile Vatican II accabla Marie de 49 titres, rôles et qualités.

41. Thérèse de Lisieux, *J'entre dans la vie : derniers entretiens*, Editions du Cerf/Desclée de Brouwer, 2002.

42. Cité par Sally Cunneen, *op. cit.*

Table

Photocomposition Nord Compo
Villeneuve-d'Ascq, Nord

Cet ouvrage a été imprimé sur presse Cameron
par **Bussière Camedan Imprimeries**
à Saint-Amand-Montrond (Cher)
pour le compte des Éditions Plon
76, rue Bonaparte
Paris 6e

Achevé d'imprimer en juin 2004.

N° d'édition : 13796. — N° d'impression : 042750/1.
Dépôt légal : juin 2004.
Imprimé en France